DISCLAIMER

The author and publisher are providing this book and its contents on an "as is" basis and make no representations or warranties of any kind with respect to this book or its contents. The author and publisher disclaim all such representations and warranties, including but not limited to warranties of merchantability. In addition, the author and publisher do not represent or warrant that the information accessible via this book is accurate, complete, or current.

Except as specifically stated in this book, neither the author nor publisher, nor any authors, contributors, or other representatives will be liable for damages arising out of or in connection with the use of this book. This is a comprehensive limitation of liability that applies to all damages of any kind, including (without limitation) compensatory; direct, indirect, or consequential damages; loss of data, income, or profit; loss of or damage to property; and claims of third parties.

Copyright © 2022 LINGUAS CLASSICS

BESTACTIVITYBOOKS.COM

All rights reserved. No part of this book may be reproduced or used in any manner without the written permission of the copyright owner except for the use of quotations in a book review.

FIRST EDITION - Published 2022

Extra Graphic Material From: www.freepik.com
Thanks to: Alekksall, Starline, Pch.vector, Rawpixel.com, Vectorpocket, Dgim-studio, Upklyak, Macrovector, Stockgiu, Pikisuperstar & Freepik.com Designers

This Book Comes With Free Bonus Puzzles
Available Here:

BestActivityBooks.com/WSBONUS20

5 TIPS TO START!

1) HOW TO SOLVE

The Puzzles are in a Classic Format:

- Words are hidden without breaks (no spaces, dashes, ...)
- Orientation: Forward & Backward, Up & Down or in Diagonal (can be in both directions)
- Words can overlap or cross each other

2) ACTIVE LEARNING

To encourage learning actively, a space is provided next to each word to write down the translation. The **DICTIONARY** allows you to verify and expand your knowledge. You can look up and write down each translation, find the words in the Puzzle then add them to your vocabulary!

3) TAG YOUR WORDS

Have you tried using a tag system? For example, you could mark the words which have been difficult to find with a cross, the ones you loved with a star, new words with a triangle, rare words with a diamond and so on...

4) ORGANIZE YOUR LEARNING

We also offer a convenient **NOTEBOOK** at the end of this edition. Whether on vacation, travelling or at home, you can easily organize your new knowledge without needing a second notebook!

5) FINISHED?

Go to the bonus section: **MONSTER CHALLENGE** to find a free game offered at the end of this edition!

Want more fun and learning activities? It's **Fast and Simple!**
An entire Game Book Collection just **one click away!**

Find your next challenge at:

BestActivityBooks.com/MyNextWordSearch

Ready, Set... Go!

Did you know there are around 7,000 different languages in the world? Words are precious.

We love languages and have been working hard to make the highest quality books for you. Our ingredients?

A selection of indispensable learning themes, three big slices of fun, then we add a spoonful of difficult words and a pinch of rare ones. We serve them up with care and a maximum of delight so you can solve the best word games and have fun learning!

Your feedback is essential. You can be an active participant in the success of this book by leaving us a review. Tell us what you liked most in this edition!

Here is a short link which will take you to your order page.

BestBooksActivity.com/Review50

Thanks for your help and enjoy the Game!

Linguas Classics Team

1 - Antiques

ב	א	א	ח	ן	ן	ן	ס	ר	פ	ב	מ	ב	נ
מ	מ	מ	ת	כ	ש	י	ט	י	ם	ט	א	ל	ע
ד	ב	נ	כ	ד	י	צ	ס	ח	ב	צ	צ	מ	ע
מ	ע	ו	ת	ק	מ	ו	ב	ע	ע	מ	נ	כ	ט
ס	כ	ת	ח	ו	ל	ד	ו	ם	ס	ג	נ	ו	ן
ש	ח	ז	ו	ר	י	ת	ה	י	ר	ל	ג	ר	כ
ט	כ	כ	ר	ט	ה	ח	א	ר	ת	ו	כ	י	א
ם	צ	ג	נ	י	ל	ט	מ	ו	ב	נ	ם	ח	ס
צ	צ	ת	ל	ב	ם	ת	ן	ש	נ	ח	ר	מ	ם
צ	ו	ר	ד	י	ה	ש	ק	ע	ה	ם	ה	א	כ
א	ן	י	ת	י	ב	מ	ו	פ	ה	ר	י	כ	מ
פ	ר	ה	ג	י	ט	נ	ג	ל	א	ה	ת	ד	ר
נ	פ	ו	ע	ן	פ	ו	ד	א	צ	ו	י	ם	ל
נ	ף	ט	ר	ל	נ	ף	ת	ד	ר	ג	ס	צ	נ

אמנות
מכירה פומבית
אותנטי
מאה
מטבעות
עשורים
דקורטיבי
אלגנטי
ריהוט
גלריה

השקעה
תכשיטים
ישן
מחיר
איכות
שחזור
פיסול
סגנון
למכור
יוצא דופן

2 - Food #1

א	נ	ף	ג	ג	ז	ר	ק	ח	ח	ם	ר	ר	ר
ף	ע	ע	נ	ר	מ	י	י	ר	ח	ש	ח	ב	ף
מ	ט	ף	ל	מ	ת	ח	נ	ש	ן	ד	ב	צ	ט
י	ל	נ	ל	ס	ג	ן	מ	ש	ו	ם	נ	צ	ר
ץ	מ	ע	ן	ס	ה	ף	ו	ט	מ	צ	ג	נ	ב
ב	ר	ס	ג	א	נ	ט	ן	ל	י	ט	ן	כ	ת
פ	ק	ע	ן	ט	ו	ב	ח	צ	ל	ן	כ	ש	ה
ע	ע	א	ג	ר	ט	צ	ד	ב	ת	כ	ל	ן	ת
ף	ע	ף	ח	ת	ו	ת	ש	ד	ה	ט	ד	ל	ס
ס	ס	ש	פ	מ	ש	ע	ע	ר	ל	מ	ס	ל	ם
ג	מ	כ	ר	ל	ו	מ	ה	ת	ה	ש	ט	ן	ח
נ	ם	ח	ה	ר	ם	ן	ה	ע	ה	מ	ח	ל	ל
ד	ם	פ	ה	ל	ה	ן	א	ש	ן	ש	ל	פ	ב
ס	ם	ע	ש	ר	כ	ו	ס	א	ב	ף	ת	ת	נ

בוטן
אגס
סלט
מלח
מרק
תרד
תות שדה
סוכר
טונה
לפת

משמש
שעורה
ריחן
גזר
קינמון
שום
מיץ
לימון
חלב
בצל

3 - Measurements

ס	א	ע	ה	ש	ל	א	ט	ב	צ	ע	ע	ט	ח
ה	צ	ד	ף	ח	ך	ר	ו	א	י	ם	ש	ת	כ
ק	י	ל	ו	מ	ט	ר	ן	י	ע	ת	ר	ט	מ
מ	ת	צ	מ	ש	צ	ש	ג	נ	ה	ב	ו	ג	מ
ו	ד	ו	ס	ת	ת	נ	ד	ץ	ק	ם	נ	ע	ש
ע	ב	ס	א	נ	ש	פ	ל	ף	ד	ף	י	נ	ק
כ	ל	ח	ה	ר	ט	ח	ג	ר	ם	ל	ד	א	ל
א	ל	ח	ל	ט	ע	י	ק	י	ל	ו	ג	ר	ם
ר	ל	ן	ט	י	ח	צ	מ	נ	ט	נ	ש	ג	ח
ד	ע	ד	כ	ל	ב	ב	צ	ט	ם	ם	ס	ף	ב
מ	צ	כ	נ	ת	צ	א	מ	כ	ר	פ	כ	ר	ף
א	ו	נ	ק	י	י	ת	ס	ר	ו	ח	ב	ת	ל
ף	ג	ן	ת	ף	ב	צ	ה	ף	צ	פ	ף	ף	ד
ת	צ	א	ר	א	ל	ט	ש	ט	ר	ף	ח	ה	ת

אורך
ליטר
מסה
מטר
דקה
אונקיית
טון
נפח
משקל
רוחב

בית
סנטימטר
עשרוני
תואר
עומק
גרם
גובה
אינץ
קילוגרם
קילומטר

4 - Farm #2

ב	ן	ז	צ	ת	כ	פ	ח	מ	ר	ה	ג	ל	מ
ש	ע	ו	ר	ה	ו	ג	ם	ה	ט	י	ח	ג	ג
נ	ט	ו	ף	ל	ו	ע	ב	ל	ש	ע	א	ד	פ
כ	ר	ר	ה	ט	ר	כ	י	א	צ	ק	ח	ו	ל
י	ק	ב	ע	ל	ת	ר	ל	ע	ל	ע	י	ל	ב
ר	ט	א	ט	ס	ף	כ	נ	ד	ס	ד	מ	ה	א
ק	ו	כ	ל	ן	צ	ס	ס	ל	א	א	ח	ו	ט
ם	ר	ח	מ	ז	ו	ן	ב	א	מ	א	ו	ר	ר
א	ס	ם	ל	כ	ת	נ	ע	מ	ת	ל	ר	מ	ח
ה	ר	י	צ	ב	מ	ת	ח	ה	ב	ש	ת	צ	ב
ל	י	ש	ף	ת	ר	ת	פ	י	ג	נ	נ	א	נ
ש	ת	ב	ג	ה	פ	מ	ג	ד	ו	ש	ח	ף	ע
נ	צ	כ	ה	ע	נ	צ	ן	ב	ש	ת	ט	ם	ב
ס	ף	ט	ט	מ	נ	פ	י	ר	ו	ת	ף	מ	כ

טלה
לאמה
אחו
חלב
כבשים
לגדול
טרקטור
ירק
חיטה
טחנת רוח

חיות
שעורה
אסם
כוורת
תירס
ברווז
איכר
מזון
פירות
השקיה

5 - Books

ד	ע	נ	א	ט	פ	כ	פ	ח	פ	נ	פ	כ	ר
מ	ח	ב	ר	ו	ר	ש	ק	ה	פ	ע	ע	ל	ו
ק	ם	צ	ס	ב	ס	ג	ה	מ	צ	א	ה	ד	מ
ו	א	א	צ	צ	ן	ף	י	פ	א	ן	ד	ס	ן
ר	ש	י	ר	ה	י	ה	ר	ל	ו	ו	נ	ט	י
א	צ	ג	ס	ה	ט	י	ק	ב	ד	מ	ת	מ	ד
ה	פ	ח	ת	כ	ס	ס	ג	ת	ף	ף	ח	א	ב
צ	כ	ד	ת	ת	י	ט	ע	כ	פ	פ	צ	מ	ל
מ	ה	נ	ט	כ	ר	ו	ן	נ	ק	ר	מ	ף	ל
ל	ט	ת	י	ת	ו	ר	פ	ס	ר	ב	ה	ס	ש
נ	ט	מ	ן	פ	מ	י	ל	י	י	ש	י	ר	א
ד	ו	א	ל	י	ו	ת	פ	י	ה	צ	ס	פ
ג	ח	ל	צ	ה	ה	ר	ף	ו	ן	ע	ג	ף	ט
ס	ם	ן	ל	ף	כ	ג	ל	ר	ב	ח	ף	ב	ה

קריין
רומן
דף
שיר
שירה
קורא
רלוונטי
סיפור
טרגי
נכתב

הרפתקה
מחבר
אוסף
הקשר
דואליות
אפי
היסטורי
הומוריסטי
המצאה
ספרותית

6 - Meditation

ט	ר	ת	ט	צ	ס	ף	ר	ן	ג	פ	ר	ד	ר
ח	ת	פ	ע	ד	ה	ד	ו	ת	ת	ר	כ	ה	ג
ס	ה	ק	י	ז	ו	מ	מ	ם	ר	ס	ע	ע	ו
ד	ל	ר	ת	נ	ו	ע	ה	ס	ט	פ	ס	צ	ע
ע	מ	ש	ג	ן	ן	ש	ת	ט	ת	ק	ש	פ	ב
ף	ח	ו	ם	ל	נ	ן	א	ג	ל	ט	ת	ף	א
ע	ר	א	ה	ף	י	ל	ס	ח	מ	י	י	ם	צ
ב	ה	נ	ן	ה	ד	ם	ס	ד	ג	ב	ק	ב	ן
ט	ה	ת	פ	מ	ו	ט	ד	כ	מ	ה	ה	כ	מ
פ	ה	י	נ	ש	מ	כ	ר	ג	ש	ו	ת	נ	פ
ב	ע	ה	ר	ה	ל	א	ע	ק	ב	ל	ה	ס	ף
ס	ע	ה	ם	ו	ל	ש	ר	א	ף	ט	ג	ד	ע
ל	ב	צ	ן	ת	ת	ו	ב	ש	ח	מ	ב	מ	ב
צ	מ	מ	ו	ח	א	ס	צ	נ	ב	מ	ש	ה	צ

נפש
מוח
תנועה
מוזיקה
טבע
שלום
פרספקטיבה
שתיקה
מחשבות
ללמוד

קבלה
ער
רגוע
בהירות
חמלה
רגשות
הכרת תודה
הרגלים
אושר
חסד

7 - Days and Months

ש	נ	ה	ב	ן	י	ל	א	ו	ג	ו	ס	ט	ת
ת	ס	ג	פ	כ	ש	ו	ד	ת	ל	ת	ל	ט	ס
ש	ר	א	ו	נ	י	ח	ל	ט	ע	ת	ל	צ	ל
י	ב	ם	נ	ן	מ	ש	ד	ו	ח	ף	א	מ	י
ף	ו	כ	א	ג	ח	נ	פ	ב	ר	ו	א	ר	ו
ג	ט	ם	נ	ס	ם	ה	ל	ט	ב	ד	ג	כ	ם
י	ק	י	ר	י	ו	ל	י	ן	מ	ן	צ	ן	ש
ע	ו	ג	ו	א	י	ר	כ	ג	ב	ג	א	ס	נ
י	א	ם	ד	ם	ש	צ	ג	ל	ו	ס	ש	כ	י
ב	ס	ל	ש	ג	ש	ו	ש	נ	נ	פ	ד	ם	ם
ר	ס	ט	כ	ל	ף	ב	ן	כ	ג	ט	נ	ן	ם
ם	ש	ב	ו	ע	י	ה	ת	ל	ג	מ	ב	ף	ר
ו	א	פ	ר	י	ל	ש	א	ל	ב	ב	ד	ש	ב
י	ש	י	ש	ם	ו	י	י	א	ץ	ר	מ	פ	ת

אפריל
אוגוסט
לוח שנה
פברואר
יום שישי
ינואר
יולי
מרץ
יום שני
חודש

נובמבר
אוקטובר
יום שבת
ספטמבר
יום ראשון
יום חמישי
יום שלישי
יום רביעי
שבוע
שנה

8 - Energy

ל	ד	ש	ת	ש	ט	כ	ד	ה	צ	פ	ע	ד	ח
מ	ד	י	ז	ל	פ	ו	מ	ן	ת	ו	ג	ל	ש
ח	ח	ס	ט	ב	ב	ט	ר	נ	ט	ט	ף	ד	מ
ז	י	ה	ו	ם	כ	ל	ד	ב	ה	ו	ף	ל	ל
ג	ר	ע	י	נ	י	ר	ר	כ	י	ן	מ	ק	י
מ	ה	ו	ס	פ	פ	ס	ט	כ	ס	נ	ף	נ	ס
ם	י	נ	ת	מ	ת	ח	ד	ש	ב	ו	ה	ש	ה
ף	פ	מ	ט	ל	ת	ר	ח	ח	ר	ר	ל	ם	ד
ח	ו	ר	ן	ק	ב	נ	ז	י	ן	ס	ן	ל	ד
ו	ר	ל	ה	י	י	ש	ע	ת	מ	מ	ם	ס	ה
ם	ט	מ	ף	ט	ה	ל	ש	ן	ח	ל	ג	ב	ב
ח	נ	ב	ש	ו	ח	ע	ב	ן	פ	ד	ח	ס	י
ת	א	ן	ו	ר	ט	ק	ל	א	פ	ס	ד	ד	ב
ם	ר	ר	ס	ן	א	ל	ם	פ	נ	ם	ח	ף	ס

סוללה
פחמן
דיזל
חשמלי
אלקטרון
אנטרופיה
סביבה
דלק
בנזין
חום

מימן
תעשייה
מנוע
גרעיני
פוטון
זיהום
מתחדש
קיטור
טורבינה
רוח

9 - Chess

ן	א	ם	ע	ז	צ	א	ה	צ	ט	א	ת	ה	ע
ם	ן	פ	ח	מ	ל	ך	ר	ר	ש	ל	כ	ח	ג
צ	ח	ל	ב	ן	ג	ע	צ	מ	ש	ו	א	ר	ש
ג	נ	ס	ת	ד	מ	א	ש	ש	ה	ף	י	ח	ב
ף	נ	א	מ	ן	מ	ר	ד	ח	ק	נ	ה	ם	נ
ף	ת	ן	ט	ק	ת	ה	ט	ק	ר	ש	ב	מ	ד
ב	ה	ס	ת	ח	ו	צ	ט	ו	ב	מ	ת	ל	ר
נ	ע	ן	ר	ש	ד	ט	ט	ג	ה	י	ל	א	א
ע	ש	ו	ו	ש	ו	ה	ע	א	פ	ב	י	ר	י
מ	ת	ס	ח	ן	ק	ג	ם	ת	ם	י	ל	ל	כ
ל	נ	כ	ש	ן	נ	א	ן	ג	צ	ס	ם	ף	ם
כ	ט	ל	ד	ו	מ	ל	ל	ר	ת	פ	ד	ל	ף
ה	ג	א	ס	ט	ר	ט	ג	י	ה	ע	ר	ע	ד
ע	ן	ה	ט	ח	ט	ל	ן	ם	צ	ש	ע	ע	כ

שחור
אתגרים
אלוף
תחרות
אלכסון
משחק
מלך
יריב
פסיבי
שחקן

נקודות
מלכה
כללים
הקרבה
אסטרטגיה
זמן
ללמוד
טורניר
לבן

10 - Archeology

נ	ם	מ	ן	ק	ם	י	ט	ק	י	י	ב	ו	א
י	א	פ	ב	ל	ב	ש	ה	א	ש	ע	מ	ם	ח
ת	צ	ר	ו	ל	ם	כ	ה	כ	ר	ע	ה	ב	ר
ו	ו	ף	א	צ	י	ב	י	ל	י	ז	צ	י	ה
ח	ו	כ	מ	ר	ר	ן	ט	מ	מ	צ	א	י	ם
ל	ת	ע	ג	ח	ב	פ	ת	ע	ג	ף	צ	מ	כ
ב	ה	ס	צ	ע	ש	פ	א	י	ח	ה	א	ו	ל
ב	מ	מ	א	נ	ג	נ	צ	ד	ם	ש	ח	מ	ח
ר	ו	ס	פ	ו	ר	פ	ע	ן	ם	ת	פ	ח	ח
כ	ל	ל	צ	ש	ס	צ	ב	ן	ל	ת	צ	ה	ו
ס	ע	ע	נ	א	מ	ב	ב	צ	ש	ש	ף	צ	ק
ע	ת	י	ק	ו	ת	ל	צ	ב	ר	ד	ן	ע	ר
נ	ט	ן	ת	ף	ל	ל	ל	י	ת	ק	ט	ס	פ
צ	ע	ו	ד	י	א	ל	ד	ר	פ	מ	ב	ג	ס

שברים
תעלומה
אובייקטים
פרופסור
שריד
חוקר
צוות
מקדש
קבר
לא ידוע

ניתוח
עתיקות
עצמות
ציביליזציה
צאצא
עידן
הערכה
מומחה
ממצאים
מאובן

11 - Food #2

ע	א	ש	כ	פ	ש	ף	ע	ט	ב	ח	פ	ם	ש
ם	ר	צ	ת	ר	ן	פ	ג	ד	ד	צ	ט	ח	ח
ת	ט	ם	כ	ף	ב	ד	ב	צ	פ	י	ר	ל	ס
פ	י	נ	כ	ח	ד	ד	נ	ת	ב	ל	ו	מ	ח
ו	ש	ב	ז	ד	ב	ב	י	ח	ם	ף	ג	ל	ח
ח	ו	ש	ר	ג	ו	ד	י	ק	י	ו	ו	י	ן
ר	ק	ף	ו	ו	ד	ם	ה	נ	נ	ב	י	ף	ר
צ	כ	ח	א	ק	ק	ח	ב	י	צ	ה	ח	ה	ר
ה	ן	ל	כ	ד	ו	ו	י	ן	כ	נ	ט	ל	ג
ע	ו	ף	מ	ן	ע	ל	ל	ט	כ	י	ף	ל	ב
ת	פ	ט	ר	י	י	ה	י	ד	ה	ב	מ	ב	ר
ע	ב	ת	פ	צ	צ	ם	א	פ	פ	ג	ס	ט	ד
ט	ס	ה	ה	ה	ר	ל	כ	א	ה	ל	מ	ש	א
ר	ם	ד	כ	ה	א	ף	ג	צ	ף	כ	ן	ס	צ

תפוח	חציל
ארטישוק	דג
בננה	גפן
ברוקולי	חם
סלרי	קיווי
גבינה	פטרייה
דובדבן	אורז
עוף	עגבנייה
שוקולד	חיטה
ביצה	יוגורט

12 - Chemistry

ד	ע	ט	צ	ע	פ	ת	ח	ב	ה	ג	ש	מ	ס
ע	ה	ס	מ	ן	נ	ב	ג	ג	ח	ר	ף	ו	ד
נ	ב	ל	ם	ב	א	א	ב	ף	נ	ע	מ	ל	ט
ם	ר	ה	צ	נ	ר	ם	צ	ב	ג	י	ש	ק	כ
פ	ר	ה	נ	צ	א	ד	ם	ג	נ	נ	ב	ו	ל
מ	ח	צ	ש	ל	ן	ל	ח	ו	ם	י	ב	ל	כ
ם	א	מ	כ	ל	ו	ר	ק	ף	ח	נ	ס	ה	צ
מ	ע	ו	ן	מ	י	מ	כ	ט	ר	ג	ס	ע	פ
ב	ף	ח	צ	מ	ש	ק	ל	ת	ר	ר	ח	ף	ר
ח	ג	י	מ	ו	ט	א	ח	ח	ב	ו	מ	ם	ף
נ	ח	כ	ח	ט	נ	ב	נ	ט	ח	א	ן	מ	ס
א	ל	ק	ל	י	י	ן	נ	ו	מ	ל	ח	ה	ט
נ	נ	ט	כ	א	נ	ז	י	ם	ז	ר	ז	ח	ש
נ	ג	ט	מ	פ	ר	ט	ו	ר	ה	ל	ג	ב	ף

חומצה
אלקליין
אטומי
פחמן
זרז
כלור
אלקטרון
אנזים
גז
חום

מימן
יון
נוזל
מולקולה
גרעיני
אורגני
חמצן
מלח
טמפרטורה
משקל

13 - Music

ב	ב	ד	צ	ס	ח	צ	כ	ף	ף	ה	ה	מ	ה
ג	ת	ב	כ	ר	כ	ל	ה	י	מ	ר	ר	ח	ר
ל	פ	ת	ם	מ	ש	נ	ל	ט	צ	מ	מ	ז	מ
ק	ד	ד	ן	ו	פ	ו	ר	ק	י	מ	ו	מ	ו
צ	כ	ר	ה	ז	ק	ס	ת	ל	ש	ד	נ	ר	נ
ב	ל	מ	ר	י	ה	ל	ה	ק	מ	ש	י	כ	י
י	ל	ד	ף	ק	ר	מ	_	א	פ	ת	ה	ן	ר
א	ב	ג	ס	א	פ	ק	צ	א	ס	ה	ת	נ	י
ר	ן	ה	ם	י	ו	ו	ן	א	ס	צ	צ	ט	ל
ב	ח	ק	ת	ב	א	ל	ד	ג	ף	.	ז	מ	ר
ף	כ	ל	ד	פ	ל	י	ש	ק	פ	ל	י	ח	כ
ל	ח	ט	ת	כ	ש	ף	ט	א	צ	ב	ל	ד	ה
ש	נ	ה	נ	י	ג	נ	מ	ן	א	ב	ם	ס	פ
נ	ר	פ	ו	א	ט	י	א	ל	ב	ו	ם	ם	ת

אלבום
בלדה
מקהלה
קלַאסִי
אקלקטי
הרמוני
הרמוניה
לירי
מנגינה
מיקרופון

מחזמר
מוזיקאי
אופרה
פואטי
הקלטה
קצב
קצבי
שר
זמר
קולי

14 - Family

נ צ ב ג ל א י מ א י נ ע ט ן
פ ה ת ן ש ב ל ט ב ל ה ד ו ד
ג ת ו ת מ ק ד ע ס ד כ ו ו ע
ר ף ח ס נ ד ל ג ט ו ל ד מ ן
ן ל א ן ן מ נ ע ה ת ן ג ח א
ל כ ט מ ף ו י ש ט ב נ א צ ב
ף ה א נ פ ן ל ב ף כ נ ב ר ה
פ י ה מ י א ד ן ד פ ח א ר י
ת כ ש א ר מ י ת י נ י י ח א
ג ג פ ט ם ר ם ג א ר ג נ ל ם
ח ה ן י י ח א ף ח ס מ ה ש א
ג ש ד נ ד ט פ ל ע ה נ ח ף פ
ג מ ח א ן ע ב ד ד ח ף מ ה ג
מ ס ס פ מ א ף פ ר ש ל ד ן ג

אב קדמון
דודה
אח
ילד
ילדות
ילדים
בן דוד
בת
אבא
סבא

נכד
בעל
אימהי
אימא
אחיין
אחיינית
אבהי
אחות
דוד
אשה

15 - Farm #1

ח	ן	ה	ד	ר	ג	ט	ת	ע	ם	כ	מ	ד	צ
ן	ת	ר	ש	ש	ד	ה	ן	פ	ר	ב	ם	ב	א
ח	צ	ו	ן	ו	ז	י	ב	ח	צ	י	ר	ש	ו
ל	ש	ב	ל	ג	ב	ג	ע	ת	ש	ף	ו	ע	ר
ג	נ	ד	ר	ג	נ	ס	ו	נ	פ	כ	מ	ע	ז
צ	ט	ע	ל	ש	ע	ל	ר	ד	כ	ש	ח	כ	צ
ם	ב	ת	ם	ת	ת	ע	ב	ח	ף	ן	ז	ר	צ
פ	ל	ת	צ	צ	ר	מ	ג	ק	ש	ן	ר	ד	ג
מ	ף	פ	ע	ז	כ	ל	ח	ל	ד	מ	ע	ף	פ
כ	צ	ר	ס	ר	ט	ג	ס	א	ה	ע	י	ח	ל
ן	ל	ה	ו	מ	ע	ן	ם	ו	ף	ט	ם	ף	ב
ט	ג	ב	ס	מ	נ	נ	ב	ת	ל	כ	י	ף	ח
ש	ד	ש	צ	ף	ם	ד	כ	מ	ט	ג	מ	א	ן
ן	ל	ד	ה	ח	א	נ	ד	ג	ח	ח	א	ם	צ

חקלאות
דבורה
ביזון
עגל
חתול
עוף
פרה
עורב
כלב
חמור

גדר
דשן
שדה
עז
חציר
דבש
סוס
אורז
זרעים
מים

16 - Camping

ב	ה	ר	ב	ע	ל	ה	ר	פ	ת	ק	ה	פ	מ
ו	ח	ס	ד	ה	ה	ש	א	צ	ם	ו	ע	ף	ת
ב	ל	ק	א	נ	ו	ד	ג	מ	ת	ר	י	ס	א
ע	פ	ף	ר	פ	א	ר	ם	כ	י	ף	ג	ח	צ
מ	נ	ב	ע	ח	ב	ת	י	ב	ל	ל	ר	ר	ם
ב	ף	מ	י	ל	ל	ס	צ	ת	ט	ס	ן	י	ן
ח	ב	ל	ס	ר	ע	ם	ע	פ	ל	ף	א	ר	ע
צ	י	ד	ה	ן	ע	ם	ל	ל	צ	ר	ב	ש	נ
ס	ש	ב	ח	א	פ	מ	ף	מ	ן	ת	צ	נ	כ
ש	ע	ד	מ	צ	ף	ם	ד	פ	ן	ש	ש	צ	ס
ל	ג	ט	ב	ש	ד	ף	מ	צ	פ	ן	ל	ט	פ
ש	ע	ן	כ	ל	ט	ר	מ	ב	צ	מ	ד	פ	נ
ת	ל	ש	ד	ג	ב	ש	ת	ע	צ	מ	ר	צ	ב
ף	מ	נ	ן	ד	ע	א	ג	כ	ח	ט	נ	מ	א

ציד
חרק
אגם
מפה
ירח
הר
טבע
חבל
אוהל
עצים

הרפתקה
חיות
תא
קאנו
מצפן
אש
יער
כיף
ערסל
כובע

17 - Algebra

ע	ש	נ	מ	ש	ת	נ	ה	א	ו	ו	ש	מ	נ
ה	ק	כ	ם	י	ש	ר	ת	י	כ	נ	צ	ו	ג
ב	ר	ה	צ	י	ר	ט	מ	פ	א	פ	ס	פ	ל
ע	ו	א	ם	י	י	ר	ג	ו	ס	ח	ל	ת	צ
י	ס	ל	ב	צ	ג	ש	ח	ס	ה	ד	פ	ר	ח
ה	י	כ	ה	ת	ף	ת	ע	נ	ף	ע	ש	ו	י
ה	ח	ע	ם	ר	ו	ג	צ	י	ל	נ	ט	ן	ב
ע	ן	מ	ג	ן	ת	ש	ל	א	ר	צ	כ	ח	ו
ג	א	נ	ן	פ	ם	ב	ע	ן	צ	ש	ה	ה	ר
ם	ר	ח	ר	פ	ג	ר	ב	מ	ס	ל	ג	ס	ש
י	ר	א	י	נ	י	ל	ס	ל	כ	ג	ן	ב	מ
ג	ש	ם	ד	פ	ר	פ	ם	ע	ך	י	ר	ע	מ
ג	ף	ע	ב	ס	ר	ר	ף	ט	ל	ל	ד	א	ם
ת	ש	ד	ה	ר	צ	ח	ס	פ	ן	ם	ן	ס	צ

חיבור
תרשים
משוואה
מעריך
גורם
שקר
נוסחה
שבר
גרף
אינסופי

ליניארי
מטריצה
מספר
סוגריים
בעיה
לפשט
פתרון
חיסור
משתנה
אפס

18 - Numbers

פ	ס	ח	מ	י	ש	ה	ע	ש	ר	ר	ש	ע	ת
צ	ר	ש	ע	ה	ע	ב	ר	א	ח	ד	ש	ש	ן
ה	ע	ס	ש	א	פ	ב	ג	ף	פ	ה	ע	ר	ב
ח	מ	ש	ם	ע	ג	מ	ר	ע	ד	ח	ש	ו	פ
ש	מ	ו	נ	ה	ע	ש	ר	א	פ	כ	ר	נ	ה
ש	פ	ר	ר	נ	ד	ס	ש	צ	ל	נ	ה	י	ל
ס	ב	ד	ף	ו	ט	ף	ע	ה	מ	ף	מ	ד	ג
ה	ה	ע	נ	מ	כ	ד	ס	ע	ה	צ	ל	ת	ת
ר	ר	ר	ע	ש	ל	ו	ש	ע	ש	ר	ה	ש	ש
ן	ד	ס	ב	ש	ת	ם	ל	ב	ם	ת	ט	ע	ע
ש	ל	ו	ש	ט	ר	ש	ע	ם	י	נ	ש	ד	ע
ר	ה	ע	כ	מ	צ	ה	ע	נ	ר	ס	ן	ב	ש
ף	ג	ה	ע	ף	פ	ס	ג	ט	ש	ת	ש	א	ר
ש	ת	י	י	ם	נ	ד	ד	ע	ע	ג	ע	ח	ה

שבע
שבע עשרה
שש
שש עשרה
עשר
שלוש עשרה
שלוש
שנים עשר
עשרים
שתיים

עשרוני
שמונה
שמונה עשר
חמישה עשר
חמש
ארבע
ארבעה עשר
תשע
תשע עשרה
אחד

19 - Spices

ג	ן	ה	ב	ר	ש	ג	ת	ן	ה	צ	מ	פ	ד
ב	ל	פ	מ	ל	ל	י	ק	א	ר	י	ו	ן	ה
פ	צ	ג	פ	ל	כ	נ	ו	ס	ע	פ	ס	ח	ג
ן	ב	ד	ן	ט	ש	ג	ת	ט	ר	ו	ק	ח	כ
ט	ע	ם	ו	ש	ה	ר	מ	ד	ש	ר	ט	ח	מ
ח	ח	כ	מ	ה	ר	ב	ס	ו	כ	ן	צ	ב	ו
מ	ח	ט	נ	ס	ר	ט	א	צ	ד	ז	ב	ג	ן
ל	ו	נ	י	ל	ה	ר	נ	ב	פ	ע	ש	ע	צ
ד	ל	ש	ק	פ	פ	ר	י	ק	ה	פ	ל	פ	ף
א	ת	ו	א	ף	מ	ש	ס	ם	ד	ר	כ	ף	צ
ב	פ	ש	א	ו	נ	נ	א	א	י	ן	ת	מ	מ
כ	ש	כ	ש	ם	כ	פ	ח	ר	ש	ע	ם	ם	ד
ר	ש	ם	ט	ם	ת	מ	מ	צ	נ	צ	ם	ה	ת
ת	ף	מ	ל	ש	ח	ל	מ	ם	ס	ף	ב	ן	ט

אניס
מריר
הל
קינמון
ציפורן
כוסברה
כמון
קארי
שומר
טעם

שום
ג'ינג'ר
שוש
מוסקט
בצל
פפריקה
זעפרן
מלח
מתוק
וניל

20 - Universe

א	ש	ך	ש	ד	ל	ק	א	ג	ר	ג	ת	ם	ן
ע	ו	ש	מ	ש	ח	ו	א	ש	ק	ל	ע	פ	ת
ה	ל	ו	ל	ס	מ	ר	ס	ף	י	ק	פ	ו	א
ל	מ	ח	י	ן	ע	ו	ט	ל	ע	ס	ס	ק	ה
א	פ	י	כ	ר	כ	ח	ר	ש	נ	י	ק	ס	ת
נ	ה	צ	ס	ת	ה	ב	ו	ד	ֵ	ה	ו	ל	ר
ף	ד	ר	צ	פ	פ	ב	נ	ה	צ	ר	ס	ט	ף
ה	י	פ	ו	ך	ר	ה	ו	ת	ַ	ר	מ	א	צ
צ	א	ט	ע	פ	ת	ה	ם	ש	ח	ט	י	ף	ש
ת	ו	ל	ז	מ	ה	ל	ג	ל	ג	א	ת	ד	מ
ע	ר	א	ס	ט	ר	ו	נ	ו	מ	י	ה	ח	י
ס	ט	ת	ב	ג	ב	ב	ל	נ	ל	ו	צ	ל	מ
ע	ס	צ	ח	ן	ס	ף	י	ר	ח	ל	נ	ם	י
ע	א	ם	ן	ר	מ	ר	ח	ש	ן	ג	ר	כ	מ

אופק
קו רוחב
ירח
מסלול
רקיע
שמש
היפוך
טלסקופ
גלוי
גלגל המזלות

אסטרואיד
אסטרונום
אסטרונומיה
אווירה
שמימי
קוסמי
חושך
נֶצַח
גלקסיה
המיספרה

21 - Mammals

ש	ר	ח	ן	ש	ע	פ	מ	פ	צ	ס	כ	צ	ד
נ	ב	ר	א	ר	נ	ב	ז	כ	ג	א	ן	כ	ו
ל	ו	ו	י	ת	ן	ו	א	פ	ב	ג	ד	ל	ל
ע	ר	נ	ע	ף	מ	ד	ב	ל	כ	ש	כ	ש	פ
ו	ו	ה	כ	ה	מ	א	ז	ה	ס	צ	י	ב	י
ש	ג	ף	ם	ח	ת	א	א	ח	מ	ל	פ	ם	ן
ג	נ	ל	ל	ג	מ	ד	ב	ד	פ	ג	ט	ד	כ
י	ק	ד	ל	צ	ם	א	ע	א	א	ר	ל	ח	ט
ר	ד	כ	כ	כ	ן	ר	ר	צ	ה	ת	ל	א	פ
פ	ב	ף	ל	ה	נ	י	ב	ס	ו	ס	ת	ב	צ
ה	ל	י	ר	ו	ג	ה	ו	ת	ש	ת	ש	ר	ר
נ	פ	ה	ס	ק	צ	ב	ת	ם	ף	ו	ג	ע	א
ו	מ	י	ל	ו	ת	ח	ש	ש	ט	ה	ר	ב	ז
ב	ן	צ	ל	ף	ן	ח	ל	ח	ע	א	ש	ל	ן

גורילה
סוס
קנגורו
אריה
קוף
ארנב
כבשים
לוויתן
זאב
זברה

דוב
בונה
שור
חתול
זאב ערבות
כלב
דולפין
פיל
שועל
ג'ירפה

22 - Fishing

ס	י	ר	ה	ע	ד	ל	ם	פ	ן	ף	ל	ל	ח
ח	ם	כ	ת	פ	כ	ל	ש	ע	ו	נ	ה	א	ח
ר	צ	י	ו	ד	מ	ש	ק	ל	י	ן	מ	ף	ח
ם	ב	כ	מ	צ	ד	ן	ן	כ	ת	ר	ז	ר	ח
ט	ח	ר	ח	ע	כ	א	מ	ן	י	ד	ג	נ	ר
ט	ת	ח	ל	ו	ע	ג	ג	א	פ	צ	ה	ל	ע
ד	ה	ס	ם	מ	ף	ת	מ	א	ה	ה	ל	ס	ג
ס	נ	פ	י	ר	י	ם	ג	א	ל	כ	מ	ת	צ
א	ו	ק	י	י	נ	ו	ס	ס	ט	כ	ב	מ	נ
ל	ף	ה	נ	ר	ר	ת	ג	ת	ב	ה	ח	ו	ה
א	מ	ס	ז	ח	ו	ט	ד	ש	נ	ל	ס	ו	ר
נ	כ	ס	א	ר	נ	ט	ג	ת	ת	פ	נ	ח	ח
ה	ג	ג	מ	ט	ר	נ	ז	י	מ	י	ם	ו	ם
ע	ת	ע	ד	פ	ס	פ	פ	ן	ף	ב	א	ש	ת

אגם
אוקיינוס
סבלנות
נהר
מאזניים
עונה
מים
משקל
חוט

פיתיון
סל
חוף
סירה
ציוד
הגזמה
סנפירים
זימים
וו
לסת

23 - Restaurant #1

צ	ת	ם	ד	צ	ל	ח	ת	ב	ח	ל	ק	ע	ס
מ	ז	ו	ן	צ	ט	צ	ף	מ	א	ר	ו	פ	ר
ה	ז	מ	נ	ה	ב	ף	ע	ט	ף	ה	פ	ק	ר
צ	א	ד	ח	מ	ש	ח	י	מ	ן	ף	א	ן	כ
ל	ר	ם	נ	ת	ר	ח	ר	י	ף	ש	י	ר	ש
ס	א	מ	פ	י	ת	צ	פ	נ	ת	ל	ת	א	נ
ד	ט	כ	ף	ר	ן	ף	ת	א	פ	ש	ש	ל	כ
צ	כ	ר	ו	צ	מ	ק	ע	ר	ה	מ	מ	ר	ף
ג	א	כ	ע	ל	ס	ר	ת	ס	פ	ט	ג	ג	ח
ד	ת	ט	ם	מ	ר	ן	ב	ע	מ	ב	ס	י	ם
מ	ן	מ	ף	צ	ח	ו	נ	י	ק	ח	כ	ה	א
ם	ט	ם	ר	ת	פ	כ	ט	מ	ב	ב	י	ר	ר
ג	א	ר	ר	ף	מ	נ	מ	ב	ת	י	ן	מ	ט
ח	ר	צ	ד	נ	ל	נ	ח	פ	ף	א	ם	ח	ל

אלרגיה
קערה
לחם
קופאית
עוף
קפה
קינוח
מזון
מרכיבים
מטבח

סכין
בשר
תפריט
מפית
צלחת
הזמנה
רוטב
חריף
לאכול
מלצרית

24 - Bees

ע	ף	ט	ח	ס	מ	ה	פ	צ	ק	י	ב	א	מ
ש	ה	ר	ע	ב	ל	ל	ר	מ	ס	ד	ע	ב	ף
ע	ק	צ	צ	ש	ם	ל	ח	ח	מ	ע	ש	ב	ר
ו	ב	ע	כ	א	פ	ד	י	י	ז	מ	ן	ף	ן
ו	א	כ	נ	פ	י		ם	ם	ו	ס	כ	ט	ה
ה	ס	ע	ה	ר	ט	כ	ר	ד	ן	נ	ם	פ	א
ה	ש	ס	א	ש	כ	ב	צ	נ	מ	ע	מ	ת	ה
ג	כ	ג	ח	ע	ש	ג	ר	א	א	א	כ	פ	נ
ב	ו	ן	ר	ת	י	א	ע	ע	ג	ד	צ	ח	מ
צ	ו	א	מ	ו	ה	ח	י	ר	פ	ס	י	ל	ג
ש	ר	צ	ו	ר	ה	מ	ו	ע	י	ל	ש	ף	ת
ג	ת	ן	ף	י	ג	ת	ש	מ	ש	ב	ד	ח	ט
ה	צ	ד	ן	פ	ה	צ	ב	כ	ר	ג	ן	ב	ס
ג	ש	פ	נ	ה	כ	ל	מ	ת	נ	ג	ף	ל	ל

צמחים
אבקה
מאביק
מלכה
עשן
שמש
נחיל
שעווה
כנפיים

מועיל
פריחה
גיוון
פרחים
מזון
פירות
גן
כוורת
דבש
חרק

25 - Weather

ה	ט	מ	כ	ס	ר	ד	ם	ף	ת	ט	א	ג	א
ה	מ	פ	ט	פ	ט	צ	ר	ם	ע	ח	ם	נ	מ
ח	פ	כ	ו	ן	ן	ק	י	ר	ו	ה	ן	נ	ל
_	ר	כ	ר	ט	ו	ח	ן	ת	א	א	ה	ש	נ
·	ט	ק	נ	פ	ס	ל	ע	ם	ם	א	ר	כ	ף
ו	ו	ע	ד	א	נ	ר	ו	ח	ש	ת	ש	ק	ח
ר	ר	מ	ו	ם	ו	נ	ן	ד	ע	ר	פ	ל	מ
ם	ה	צ	צ	ב	מ	ו	ם	י	פ	ו	ר	ט	ע
נ	ר	א	ם	ח	ש	ב	י	ן	נ	צ	ש	ש	ר
מ	ע	ל	ק	ח	ף	ש	ר	ר	פ	ב	ד	ן	ת
נ	ס	ן	מ	ל	כ	צ	ק	ד	ה	ט	ף	א	ה
ב	מ	ן	ט	א	י	ע	י	ה	ף	ו	ה	ף	ט
ח	מ	ה	א	נ	ה	ם	ע	ר	ל	ק	ע	נ	ן
ב	ר	ק	פ	ג	ת	כ	ח	ב	ם	ה	ד	מ	א

אווירה
רוּחַ
אקלים
ענן
בצורת
יבש
ערפל
הוריקן
קרח
ברק

מונסון
הקוטב
קשת
רקיע
סערה
טמפרטורה
רעם
טורנדו
טרופי
רוח

26 - Adventure

מ	ס	ח	ף	ט	ב	ע	ם	פ	ע	י	ל	ו	ת
א	ר	ל	ם	ף	ט	ס	מ	ס	ל	ו	ל	ט	ם
ע	י	ת	פ	מ	י	י	ן	א	י	פ	כ	א	ח
ן	ד	ת	ם	ה	ח	כ	ש	ט	ט	י	ש	ן	פ
מ	ה	ט	כ	ס	ו	ו	ת	ו	נ	מ	ד	ז	ה
ס	ט	נ	י	ח	ת	י	ט	ו	ו	י	נ	ק	מ
ו	ה	ע	ו	ב	כ	ע	ר	ה	ח	מ	ש	ו	ר
כ	ש	ת	צ	ר	ם	ת	ף	ת	נ	ה	ה	ש	ר
ן	נ	ת	א	י	ל	ר	ם	א	ת	ג	ר	י	ם
ד	ף	צ	ד	ם	כ	ר	כ	ג	ל	מ	ג	ף	ע
ט	א	כ	ו	ש	ג	ל	א	ב	ד	ל	ף	ר	כ
פ	ר	ם	פ	ף	מ	ם	ד	ח	פ	ב	פ	פ	ה
ב	פ	צ	ן	ט	ה	י	ע	ד	צ	ץ	מ	ו	א
כ	ב	ע	ם	ה	ל	כ	ת	ש	ג	ם	ה	ת	ה

פעילות
יופי
אומץ
אתגרים
סיכוי
מסוכן
יעד
קושי
טיול
חברים

מסלול
שמחה
טבע
ניווט
חדש
הזדמנות
הכנה
בטיחות
מפתיע
יוצא דופן

27 - Sport

נ	ס	ת	צ	ע	ף	נ	צ	ד	ת	ן	ל	ף	צ
ל	ח	ט	א	צ	ח	פ	ם	מ	ה	ם	ש	ח	ע
כ	ב	מ	ד	מ	מ	ע	כ	ס	ב	ף	ח	ט	ש
ד	מ	ו	ף	ו	ג	פ	ל	ט	ם	ת	ו	ט	ף
ם	ג	ס	כ	ת	ק	ד	ח	ה	כ	ע	ת	ף	ב
ס	ג	ש	ש	ל	ם	י	ר	י	ר	ש	ד	ש	ס
ק	ט	ם	ש	ט	י	ה	ר	ט	מ	מ	ת	ג	פ
מ	ט	ב	ו	ל	י	ד	ם	ר	נ	א	ט	מ	ו
ל	מ	ר	ל	כ	ו	ח	ם	י	ד	מ	ה	ד	ר
מ	פ	ת	ו	א	י	ר	ב	צ	ע	ן	ש	ם	ט
ג	מ	ל	ף	פ	ש	ט	ש	ה	ה	ס	פ	ח	א
ת	ל	ו	ב	י	ס	ת	כ	נ	י	ת	ת	פ	י
פ	ש	כ	מ	ה	מ	ס	ף	כ	ג	ע	ע	ר	ה
ג	ב	י	ד	י	א	ט	ה	נ	ו	ז	ת	ח	א

בריאות
ריצה
למקסם
מטבולי
שרירים
תזונה
תכנית
ספורט
כוח
לשחות

יכולת
ספורטאי
גוף
עצמות
לב וכלי דם
מאמן
ריקוד
דיאטה
סיבולת
מטרה

28 - Restaurant #2

נ	ם	ב	ם	ן	ג	ם	מ	פ	כ	נ	נ	א	ד
מ	א	ן	י	ק	ר	ח	ר	י	ט	ף	ס	ר	ג
ס	ת	ת	צ	מ	ל	ח	ק	ר	ש	ש	ל	ו	ל
ת	ו	א	י	מ	ז	ל	ג	ו	ד	ט	ט	ח	ל
ש	י	ס	ב	פ	א	ם	ם	ת	א	פ	נ	ת	ט
נ	ר	י	ר	ן	כ	פ	ה	ג	ו	ע	נ	צ	ש
ב	ט	כ	ע	ש	ן	ם	כ	א	ת	ק	ר	ה	ג
מ	א	ג	ת	מ	ל	צ	ר	ף	ב	פ	ר	ר	ל
מ	א	כ	ח	ת	ע	ה	ס	כ	ל	מ	נ	י	מ
פ	צ	ם	ו	ף	ט	ע	י	ם	י	מ	א	י	מ
נ	ן	ח	ר	ד	ם	פ	ה	כ	נ	ע	ר	ם	ט
ג	צ	ת	א	ם	ם	ר	ט	צ	י	ג	ע	ה	ש
ר	ל	ם	ר	כ	ח	ן	ח	ה	ם	צ	ף	ע	מ
ה	ד	ד	א	ל	ם	ף	פ	ל	מ	ה	ע	ד	ר

ארוחת צהריים
אטריות
סלט
מלח
מרק
תבלינים
כף
ירקות
מלצר
מים

מתאבן
עוגה
כיסא
טעים
ארוחת ערב
ביצים
דג
מזלג
פירות
קרח

29 - Geology

ח	ן	ב	ו	א	מ	ר	ן	ד	י	ס	מ	ס	פ
נ	ר	ז	י	י	ג	ע	ח	ם	נ	ט	י	ף	נ
ץ	ר	ו	ו	ק	ש	י	ע	ה	א	ח	נ	מ	ל
נ	ה	ע	ש	ח	ע	ד	ר	א	ב	ה	ר	א	מ
ף	פ	ד	י	צ	ג	ת	ע	ט	ן	א	ל	ש	ר
ד	נ	ק	פ	ס	ר	א	ף	א	ג	ב	י	ס	ת
מ	ה	כ	ה	א	ה	ד	ר	ט	ב	צ	ם	פ	ל
ג	צ	ח	ט	ש	ס	מ	ת	כ	י	ד	פ	ב	ם
ר	מ	ה	ב	כ	ש	ה	ח	א	ש	א	ה	ת	מ
כ	ו	ן	ת	כ	כ	ר	נ	ל	י	ל	ם	ל	ט
ל	ח	ף	כ	ש	ע	ע	פ	ע	ם	מ	ח	ה	כ
ג	ם	ג	פ	פ	א	מ	א	ד	ת	ו	צ	ג	ע
ף	ל	ח	ל	מ	ב	ת	ש	ב	י	ג	צ	ס	ש
א	ל	כ	מ	א	ג	ס	ם	י	ר	ו	ז	ח	מ

גייזר
לבה
שכבה
מינרלים
רמה
קוורץ
מלח
נטיף
אבן
הר געש

חומצה
סידן
מערה
יבשת
אלמוג
גבישים
מחזורים
רעידת אדמה
שחיקה
מאובן

30 - House

ר	ו	י	ל	ו	נ	ו	ת	ע	ף	פ	א	א	צ
ן	י	צ	ס	ן	ר	ס	ד	ל	ס	פ	ר	י	ה
נ	ם	ה	מ	ת	צ	צ	ס	י	ם	ה	מ	נ	ר
מ	ע	ה	ו	ס	ש	ד	ן	י	א	ת	ר	ט	ו
פ	ד	פ	א	ט	א	ט	מ	ת	ב	א	פ	ם	נ
ת	ל	ג	ד	ה	ס	נ	מ	ג	מ	ג	כ	ה	מ
ח	ת	ג	ת	צ	צ	ש	מ	ג	מ	ת	ן	ן	ר
ו	ע	ף	ל	ג	ת	נ	ת	ו	כ	ט	ח	ד	ר
ת	נ	ט	ט	מ	ק	ל	ח	ת	ס	ת	ב	ן	ת
ד	ר	ג	כ	ק	י	ר	ף	ע	ס	ך	ט	ג	ג
ר	א	ח	ל	ר	ת	מ	ש	מ	ח	ג	מ	ט	ד
ד	צ	צ	ת	ם	ח	ח	ר	ר	ה	ל	ן	ף	ר
פ	ם	פ	כ	מ	ח	כ	ף	א	ח	ג	נ	ב	ח
ט	ם	כ	ה	ב	ש	ף	ע	ה	ח	ל	ו	ן	ד

מפתחות
מטבח
מנורה
ספריה
מראה
גג
חדר
מקלחת
קיר
חלון

עליית גג
מטאטא
וילונות
דלת
גדר
אח
רצפה
ריהוט
מוסך
גן

31 - Physics

ל	ה	ה	צ	פ	נ	מ	ג	ם	ג	ז	ד	ם	ן
ר	ר	ר	פ	ת	ה	כ	ס	ע	ן	ס	צ	צ	ש
ט	ח	ק	י	ק	ל	ח	י	ה	ף	מ	פ	ל	ה
ח	ב	ת	פ	ם	ו	ט	א	מ	ל	נ	א	נ	ח
ש	ה	י	ו	ף	ק	ש	צ	ג	י	כ	ת	ח	מ
ד	ח	נ	ת	י	ל	ס	ר	ב	י	נ	ו	א	ט
ן	פ	י	א	ת	ו	י	ט	נ	ג	מ	ס	מ	מ
פ	ו	ע	ו	נ	מ	מ	כ	מ	ן	מ	ח	ה	ט
ב	ה	ר	ע	ל	נ	ש	ש	ת	ד	נ	י	י	נ
מ	א	ג	ט	ן	ט	מ	א	ס	ד	ג	מ	ר	ו
מ	כ	נ	י	ק	ה	צ	ו	א	ת	ה	מ	ו	ס
ג	ה	ף	ח	ת	ל	ח	ב	ח	ע	ן	ע	ת	ח
ס	ח	ד	ד	ם	פ	א	ת	ד	י	ר	ו	ת	ה
כ	א	ו	ס	ס	ע	ע	ף	ר	ד	ש	ן	א	ט

תאוצה
אטום
כאוס
כימי
צפיפות
אלקטרון
מנוע
הרחבה
נוסחה
תדירות

גז
מגנטיות
מסה
מכניקה
מולקולה
גרעיני
חלקיק
יחסות
אוניברסלי
מהירות

32 - Scientific Disciplines

א	ה	כ	ת	צ	ע	ה	ב	ן	ח	כ	מ	ש	ע
נ	י	י	צ	ה	נ	י	ב	ב	ל	ש	נ	ו	ת
ט	ג	מ	ח	פ	ו	ג	ו	פ	ע	ע	ד	ש	ר
ו	ו	י	ד	כ	ן	ו	ט	ט	ף	ר	ע	א	מ
מ	ל	ה	י	ר	ט	ל	נ	נ	ן	מ	ל	כ	ו
י	ו	מ	פ	ד	מ	ר	י	ר	ד	כ	פ	ס	ד
ה	י	ב	ם	ל	פ	נ	ק	ח	ה	ר	ב	ג	י
ה	ס	ט	ה	ח	ן	י	ה	כ	כ	ר	מ	כ	נ
ד	נ	כ	ם	א	ש	מ	ף	ה	ש	ף	נ	ע	מ
ח	י	ד	ה	י	ג	ו	ל	ו	ר	י	ו	נ	י
ה	ק	ל	ט	ה	י	ג	ו	ל	ו	א	י	ג	ק
ר	ש	ה	ן	ס	ו	צ	י	ו	ל	ו	ג	י	ה
ה	ר	ד	ל	ה	י	ג	ו	ל	ו	י	ז	י	פ
א	ק	ו	ל	ו	ג	י	ה	ק	י	נ	כ	מ	ג

אנטומיה
ביוכימיה
בוטניקה
כימיה
אקולוגיה
גיאולוגיה
קינסיולוגיה

בלשנות
מכניקה
מינרלוגיה
נוירולוגיה
פיזיולוגיה
סוציולוגיה
תרמודינמיקה

33 - Beauty

ה	א	ר	מ	ב	ע	ם	י	ת	ו	ר	י	ש	פ
ר	א	ש	פ	ח	ו	י	ט	ף	ש	פ	ת	ו	ן
ק	ד	צ	פ	ד	ר	ר	נ	ל	ת	ד	ט	ן	ף
ס	ח	ם	א	ף	נ	צ	ג	ד	ף	ו	ת	ש	ד
מ	ע	צ	ב	ח	כ	ו	ל	כ	ג	ב	מ	כ	כ
צ	ב	ף	א	ף	כ	מ	א	נ	ס	א	ר	נ	ט
ט	ל	כ	ם	ק	א	מ	י	צ	ם	ב	צ	ד	ש
ב	ם	ס	ק	ו	ח	ת	ו	י	ט	נ	ג	ל	א
ב	י	ע	ה	ס	ף	ד	נ	ח	ו	ח	י	נ	ת
ן	י	א	ם	מ	פ	מ	צ	ו	פ	מ	ש	ל	ן
ת	ר	ג	ש	ט	ש	ד	ת	ע	ח	ל	ת	א	ט
ד	פ	ף	צ	י	א	פ	ם	ש	ח	ל	ט	ל	צ
ט	ס	ל	נ	ק	ד	ס	ע	ב	י	ס	ה	ש	פ
ע	מ	ע	ב	ה	ע	ב	צ	ם	ר	ו	פ	י	א

מראה
שמנים
פוטוגני
מוצרים
ריח
מספריים
שירותים
שמפו
עור
מעצב

קסם
צבע
קוסמטיקה
תלתלים
אלגנטיות
אלגנטי
ניחוח
שפתון
איפור
מסקרה

34 - Clothes

ח	נ	ל	ט	ן	ש	ש	ן	מ	צ	ש	ם	ג	ר
ג	ח	ל	ף	צ	ע	ב	ו	כ	מ	א	ל	ר	ש
ו	ב	צ	פ	ע	מ	ל	ע	נ	ר	ה	ב	ב	ס
ר	ם	נ	א	ת	ע	י	ר	ס	נ	י	ג	י	ב
ה	ף	צ	פ	י	ט	ע	ד	י	י	א	ר	י	ס
נ	ס	ס	כ	ר	ת	מ	ו	י	ס	א	ר	ם	ת
פ	ן	ט	ד	צ	ב	ס	ו	ם	נ	ה	ב	ר	ע
ו	כ	ר	ג	ע	כ	א	ס	י	ד	ר	מ	ל	א
א	א	פ	ד	י	ט	ס	ט	ט	ל	ם	ש	ח	ח
ג	ש	נ	פ	ף	ל	ש	ש	י	י	ן	מ	ש	ת
ל	ת	ר	נ	ו	ח	ף	ח	ש	ם	ן	ח	ר	א
ף	ס	ד	ם	ט	ת	פ	ס	כ	ס	ד	ג	ש	ף
ע	פ	י	ג	מ	ה	ב	ג	ת	מ	ע	ר	ר	ל
ש	מ	ל	ה	ף	ט	ן	ח	ו	ל	צ	ה	ת	ט

סינר
חגורה
צמיד
מעיל
שמלה
אופנה
כפפות
כובע
ג'ינס
תכשיטים

שרשרת
פיג'מה
מכנסיים
סנדלים
צעיף
חולצה
נעל
חצאית
גרביים
סוודר

35 - Ethics

נ	ל	צ	ל	א	מ	ת	ד	ח	ם	ח	ן	ם	ה
ט	ד	מ	צ	ו	ת	ו	נ	ל	ב	ו	ס	ד	י
נ	ג	י	פ	פ	ו	ש	ב	ל	ג	כ	ת	ד	ו
ד	ן	ג	ב	ט	נ	ו	ב	ג	ל	ח	ה	כ	ש
מ	ב	מ	א	י	ל	נ	ד	צ	ף	ש	ל	ט	ר
ע	ט	ב	ת	מ	ב	א	ת	ג	ד	מ	ו	ה	צ
ש	ע	ם	א	י	ס	ה	ר	ש	ו	י	ע	ה	צ
י	ע	ר	כ	ו	פ	י	ל	ו	ס	ו	פ	י	ה
ו	ר	מ	כ	ת	ס	ב	י	ר	ח	ף	ף	נ	ל
ת	ר	ב	ח	י	ג	ד	ל	ת	ו	א	ו	ד	מ
ט	ג	ם	ג	ן	ם	מ	ת	מ	כ	ת	ת	ר	ח
א	ל	ט	ר	ו	א	י	ז	ם	מ	צ	י	פ	כ
ר	צ	י	ו	נ	ל	י	ו	ת	ה	ס	ש	ל	ח
ח	כ	ב	ו	ד	ד	י	פ	ל	ו	מ	ט	י	מ

אלטרואיזם
נדיב
חמלה
שיתוף פעולה
כבוד
דיפלומטי
יושר
האנושות
יושרה
חסד

אופטימיות
סבלנות
פילוסופיה
רציונליות
מעשיות
סביר
סובלנות
ערכים
חוכמה

36 - Insects

ף	ה	פ	צ	ה	ה	ש	ש	פ	י	ר	י	ת	ת
ה	מ	ר	ע	ס	מ	ת	ע	ש	ם	ד	ש	ג	ו
א	ל	פ	ו	צ	ת	צ	מ	ד	ב	פ	ר	ח	ל
כ	ש	ר	ף	ב	א	י	ל	ב	ר	ב	ף	י	ע
ה	ל	ר	ח	ג	ד	ק	ר	ט	מ	ר	ט	פ	ת
ן	מ	ד	ן	ח	ר	ד	נ	ר	ס	פ	ר	ו	ם
ף	ג	ג	ן	ס	צ	ה	ל	מ	נ	ר	מ	ש	י
נ	ג	ב	א	ז	ח	ל	ב	ה	ת	ג	י	י	ת
צ	ר	ע	ה	מ	י	נ	כ	מ	ק	ק	ט	ת	ו
ת	כ	ו	נ	ב	ר	ה	ש	מ	ת	ר	פ	ג	ש
מ	מ	ג	ס	מ	ר	כ	נ	כ	א	ם	ט	ש	ט
פ	ש	ב	ט	ל	ח	א	ח	פ	ל	פ	ע	ר	ה
פ	ר	ע	ו	ש	ר	ג	ב	ד	מ	ש	צ	ף	ל
ם	ם	ט	ט	ט	כ	ה	ר	ם	א	ם	ת	א	ג

פרת משה רבנו
זחל
ארבה
גמל שלמה
יתוש
עש
טרמיט
צרעה
תולעת

נמלה
כנימה
דבורה
חיפושית
פרפר
ציקדה
מקק
שפירית
פרעוש
חגב

37 - Astronomy

ף	ה	כ	ו	כ	ב	ל	כ	ת	ב	צ	א	ב	ן
ג	מ	ל	י	ק	ו	י	ח	מ	ה	ס	ת	ת	ף
ן	כ	ת	ה	ו	פ	ה	ר	צ	ט	ט	א	ם	י
ק	ח	ת	י	ם	א	נ	פ	ר	ק	י	ע	ר	נ
ב	ן	י	ס	ר	ץ	ה	ו	ם	ר	ט	ח	מ	ד
ו	ן	ל	ק	ה	ר	נ	א	ס	ו	מ	ס	ו	ק
צ	ו	י	ל	ב	א	י	ס	ה	ת	ן	ד	ע	ם
ת	י	פ	ג	ו	ה	ר	ט	מ	ן	ר	י	ת	ב
כ	ו	ר	ט	נ	ר	ק	ר	צ	ר	ו	א	ט	מ
ו	ו	ע	כ	ר	ו	ת	ו	פ	פ	ד	ו	ד	ן
כ	ש	ג	מ	פ	ד	מ	נ	ה	ם	כ	ר	ב	א
ב	ב	א	ג	ו	כ	ן	ו	כ	ש	ס	ט	כ	מ
י	ס	כ	מ	ס	ל	ן	ם	ט	ב	ב	ס	ד	ה
ם	ת	ו	ל	ז	מ	ה	ל	ג	ל	ג	א	ט	צ

ירח
ערפילית
המצפה
כוכב לכת
קרינה
רקטה
לוויין
רקיע
סופרנובה
גלגל המזלות

אסטרואיד
אסטרונאוט
אסטרונום
קבוצת כוכבים
קוסמוס
כדור הארץ
ליקוי חמה
שוויין
גלקסיה
מטאור

38 - Health and Wellness #2

ת	ד	ב	ף	נ	ל	ט	א	ל	א	נ	ח	ח	כ
ם	ז	ן	י	מ	ט	י	ו	ח	ל	ק	ש	מ	ח
ד	ח	ו	ה	ם	ע	ה	ב	ץ	ר	ס	ג	ה	א
ה	ט	ב	נ	פ	ר	י	ה	ש	ג	ט	ר	ן	פ
ד	ת	א	ן	ה	ל	ג	ם	ע	י	ל	ו	ח	ה
ש	כ	י	ה	ד	ש	י	ז	נ	ה	ע	נ	מ	ט
ע	ח	ת	י	ד	נ	י	י	ו	ס	י	ע	ח	מ
פ	ס	ז	מ	ב	ל	נ	ה	ק	י	ט	נ	ג	ד
ת	ד	ם	ו	ל	ש	ה	ו	ב	ר	י	א	א	י
ת	מ	ן	ט	ר	ר	ו	ם	ס	כ	ג	ב	כ	א
ל	ב	א	נ	ף	ג	נ	ת	ש	ר	ג	פ	ר	ט
מ	ש	נ	א	ב	י	ת	ח	ו	ל	י	ם	נ	ה
ק	ל	ו	ר	י	ה	י	ג	ר	נ	א	צ	ג	ת
ל	ם	ת	א	ש	ף	מ	ס	ת	ן	ת	ן	ן	ן

אלרגיה
אנטומיה
תיאבון
דם
קלוריה
התייבשות
דיאטה
חולי
אנרגיה
גנטיקה

בריא
בית חולים
היגיינה
זיהום
עיסוי
תזונה
שחזור
לחץ
ויטמין
משקל

39 - Time

כ	ם	מ	ו	ק	ד	ם	ע	א	ח	ש	ח	ת	נ
ד	ד	ב	מ	ף	נ	ש	כ	ש	נ	ל	ד	ף	ש
י	ו	ם	ו	פ	ר	ע	ש	ב	ו	ר	ק	ב	ע
ת	ן	ה	ש	ק	א	ה	י	ו	ש	נ	ל	ג	ו
ע	ל	צ	ת	ף	ר	נ	ו	ע	ל	י	ל	ה	ן
ל	ו	ח	ש	נ	ה	ש	ף	נ	ד	נ	ד	ק	ה
ן	פ	פ	צ	ט	ר	ע	ש	ו	ר	פ	א	ס	ב
ט	ס	ל	ה	ל	נ	ח	כ	ס	פ	ל	ד	ד	כ
ט	ג	פ	ר	ל	מ	ד	ה	נ	ד	ג	ע	ד	נ
ן	ן	כ	י	ע	כ	ח	מ	י	ם	ב	צ	כ	ט
ש	א	ת	י	צ	ם	ח	ו	ב	ו	ת	ה	א	ן
ן	א	ף	ם	ב	ש	צ	ת	ד	ר	ם	מ	א	ה
ש	נ	ת	י	ש	ם	ג	צ	ה	ש	ד	ל	ה	ה
ט	ס	ש	ח	נ	כ	א	ח	פ	ם	ש	ב	ר	ב

דקה
חודש
בוקר
לילה
צהריים
עכשיו
בקרוב
היום
שבוע
שנה

שנתי
לפני
לוח שנה
מאה
שעון
יום
עשור
מוקדם
עתיד
שעה

40 - Buildings

א	כ	ף	נ	מ	צ	צ	ה	ב	ת	ג	כ	ס	ח
צ	פ	צ	פ	ן	ל	צ	ה	ח	י	נ	ב	ת	פ
ט	א	ע	ע	ו	נ	ל	ו	ק	א	צ	י	א	ן
ד	ל	ס	ו	פ	ר	מ	ר	ק	ט	כ	ת	ב	מ
י	ד	ף	ח	פ	נ	נ	כ	ס	ר	א	ח	י	א
ו	ג	ל	ם	צ	ד	נ	ח	כ	ו	ם	ו	ת	ו
ן	מ	ה	מ	ו	ז	י	א	ו	ן	א	ל	ס	נ
ו	מ	ת	ו	ר	י	ר	ג	ש	ס	כ	י	פ	י
ל	ע	ד	י	ר	ה	ף	ח	ם	מ	ף	ם	ר	ב
מ	ב	א	פ	מ	ו	מ	מ	ל	ה	ו	א	ת	ר
ן	ד	פ	ג	ב	ס	ף	א	ע	פ	פ	ב	מ	ס
ב	ה	ת	ב	ש	ט	ד	ן	ל	ש	מ	ר	א	י
א	ה	ר	י	ט	ל	ר	ג	ה	פ	צ	מ	ה	ט
ח	א	ן	ן	ת	ף	פ	פ	ג	ן	כ	צ	פ	ה

דירה
אסם
תא
טירה
קולנוע
שגרירות
מפעל
בית חולים
הוסטל
מלון

מעבדה
מוזיאון
המצפה
בית ספר
אצטדיון
סופרמרקט
אוהל
תיאטרון
מגדל
אוניברסיטה

41 - Gardening

ש	ה	מ	ד	א	צ	ע	א	ע	ג	ם	ג	ה	ג
ט	נ	א	א	כ	ה	מ	צ	ק	מ	ח	ב	ף	ג
ר	ב	פ	ם	י	ל	.	ְ	ע	ז	ת	ף	ן	מ
ף	ע	ף	י	ל	ע	כ	מ	א	צ	ו	ר	ה	י
ר	מ	כ	ל	ב	א	ת	כ	ע	א	ט	ט	ח	נ
ס	ם	ב	ק	ו	ח	ח	ר	ט	ו	ע	ת	י	י
ש	נ	ר	א	ט	ר	פ	ע	ס	ב	נ	מ	ר	ם
ח	צ	ב	ע	נ	ד	ר	ם	ו	נ	ה	ת	פ	י
צ	ד	ט	ח	י	ע	ח	צ	פ	ח	ם	ו	י	מ
מ	ן	כ	צ	ש	פ	ו	ר	מ	ג	ז	ח	נ	ג
ל	ש	פ	ט	ס	ף	נ	ז	ו	ל	ר	ל	ב	ל
ן	ה	ש	ר	ש	ט	י	מ	ק	נ	ע	ר	ע	ל
ל	ף	ד	ד	א	כ	ה	כ	ס	ע	י	ח	ש	כ
ם	ט	א	ע	מ	ש	מ	י	כ	ל	ם	צ	ב	ש

פריחה
בוטני
זר
אקלים
קומפוסט
מיכל
עפר
אכיל
אקזוטי
פרחוני
עָלים
צינור
עלה
לחות
עונתי
זרעים
אדמה
מינים
מים

42 - Herbalism

ק	צ	צ	צ	ה	ט	נ	מ	ד	ה	ת	א	נ	ת
ו	ם	ה	ט	ט	ת	ע	ע	ש	ן	ר	מ	פ	ן
ל	ט	ט	ע	כ	ד	ב	ם	ר	ג	ף	ה	ח	ד
י	ר	נ	צ	ת	ל	ת	ו	נ	ג	ר	ו	א	ס
נ	ג	ת	ה	ם	נ	ף	ש	ה	ן	ר	פ	ע	ז
ר	ו	פ	ל	נ	מ	ס	צ	ד	ת	א	ט	ל	צ
י	ן	ה	פ	ל	ט	ר	ד	נ	ב	ל	ר	ג	מ
ף	ב	מ	ר	כ	י	ב	י	ט	ת	מ	ו	ג	ח
ן	ע	ק	ס	כ	ף	ע	פ	ח	ף	י	ז	ה	ס
א	ר	ו	מ	ט	י	מ	ו	ט	ן	ו	י	ג	כ
צ	ם	ר	מ	ו	ש	א	א	מ	ג	ר	ל	מ	פ
ת	ן	י	ר	מ	ז	ו	ר	ה	ל	ן	י	צ	ר
ב	ל	ת	א	ל	ר	צ	ס	מ	ח	ד	ה	ב	ח
מ	ר	ת	ש	ג	מ	ב	ה	ם	ב	ח	ט	ב	מ

ארומטי
ריחן
מועיל
קולינרי
שומר
טעם
פרח
גן
שום
ירוק

מרכיב
לבנדר
מיורן
מנטה
אורגנו
פטרוזיליה
צמח
רוזמרין
זעפרן
טרגון

43 - Vehicles

ס	א	ר	ם	ק	ר	ו	ו	א	ן	ר	ר	ק	ן
ע	מ	מ	י	ר	פ	ס	ו	ד	ה	צ	כ	ט	ר
ל	ב	ג	י	ה	צ	ט	ח	ט	ו	ם	ב	נ	ה
ל	ו	ב	נ	ל	ו	פ	ס	ל	א	ג	ת	ו	מ
פ	ל	א	פ	ב	ש	ע	ל	ד	ד	כ	ת	ע	ש
א	נ	א	ו	ר	ש	ת	א	ף	ד	ג	ח	מ	א
ם	ס	ס	א	ח	ש	ה	ק	ו	ס	מ	ת	ע	י
ת	י	נ	ו	מ	ע	ט	ע	ף	ר	ע	י	ב	ת
מ	ס	ס	ר	ו	ט	ק	ר	ט	ה	ח	ת	ו	ר
ט	ש	ג	נ	ת	כ	ר	נ	ל	ס	ס	י	ר	ה
ו	נ	מ	ם	י	ג	י	מ	צ	ר	צ	צ	ת	ס
ס	ס	ס	ח	ף	צ	ר	ם	מ	ר	ה	ש	ש	ע
מ	ת	ש	ן	ם	ס	ת	א	ת	ד	פ	ר	מ	ו
ח	ש	ן	נ	ג	ת	י	נ	ו	כ	מ	כ	נ	ת

רפסודה
רקטה
קטנוע
הסעות
צוללת
רכבת תחתית
מונית
צמיגים
טרקטור
משאית

מטוס
אמבולנס
אופניים
סירה
אוטובוס
מכונית
קרוואן
מעבורת
מסוק
מנוע

44 - Flowers

י	ע	נ	ת	ב	ד	ר	ו	פ	ש	ר	ס	ת	צ
ח	ס	ח	ס	פ	י	ד	מ	ס	ה	ג	ח	ע	ב
מ	צ	מ	ם	ד	י	נ	ה	י	י	ן	ל	ל	ע
א	ף	ר	י	ה	ז	ב	ט	פ	ל	ק	ב	ת	ו
א	נ	כ	כ	ן	י	ל	ם	ל	ו	נ	ר	כ	נ
ר	ם	נ	נ	ה	א	ב	מ	ו	נ	ע	ז	נ	י
ב	ר	ר	ת	י	נ	מ	ח	ר	ג	צ	ר	ן	ש
ה	י	נ	ד	ר	ג	א	ל	ה	מ	ד	נ	פ	ו
ב	ש	נ	ט	א	ת	י	נ	ו	מ	ד	א	ד	ש
ת	ל	ת	ן	ה	ס	ו	ק	ס	י	ב	י	ה	ן
ט	מ	ם	ה	ן	ל	ה	כ	ג	ב	צ	ן	ד	ש
ה	ת	ב	צ	ש	ס	ה	ל	י	ל	ך	ע	פ	א
פ	ב	צ	ם	צ	ה	ף	א	נ	ל	ד	ן	ר	ה
א	ן	ש	נ	מ	צ	ב	ד	ש	א	ע	פ	ג	ש

זר
תלתן
נרקיס
דייזי
שן הארי
גרדניה
היביסקוס
יסמין
לבנדר
לילך

שושן
מגנוליה
סחלב
פסיפלורה
אדמונית
עלי כותרת
פרג
ורד
חמנית
צבעוני

45 - Health and Wellness #1

ט	ה	ל	א	ב	ע	ר	פ	ו	א	ה	ח	א	ן
ם	י	ב	צ	ע	צ	ב	י	ת	מ	ר	ק	ח	ת
ס	פ	פ	ה	ג	מ	ש	ע	ם	ש	ה	ג	ע	כ
ר	ר	ע	ו	ם	ו	ף	צ	ר	ר	ו	ו	ח	ג
פ	ה	נ	ר	ל	ת	ט	א	נ	י	ר	ב	י	ף
ל	נ	א	ב	מ	י	ה	א	פ	ר	מ	ה	י	ב
ק	ט	ם	ב	ם	ל	ע	ג	צ	י	ו	ע	ד	ף
ס	ד	ו	ק	ט	ו	ר	פ	ס	ם	נ	י	ק	ט
א	ש	ג	א	ב	ס	ו	כ	נ	צ	י	צ	י	ח
ן	ג	כ	פ	ד	ב	ע	ל	ס	כ	ם	פ	ם	ח
נ	ג	י	ף	מ	ד	כ	ף	ח	ש	ן	ה	ה	ט
צ	ף	ף	כ	צ	ן	כ	ף	ר	ע	ט	מ	ל	ש
ת	א	ת	ב	ל	ת	ת	ף	כ	ה	ר	ג	ל	מ
ש	ב	ע	ר	צ	ג	ל	ל	ס	פ	ט	ט	ר	פ

פעיל
חיידקים
עצמות
מרפאה
דוקטור
שבר
הרגל
גובה
הורמונים
רעב

פציעה
רפואה
שרירים
עצבים
בית מרקחת
רפלקס
הרפיה
עור
טיפול
נגיף

46 - Town

ת	צ	צ	ס	ב	י	ת	מ	ר	ק	ח	ת	כ	ח
ק	נ	ב	פ	נ	ג	ר	צ	פ	נ	ה	ק	נ	ת
ס	ו	פ	ר	מ	ר	ק	ט	ו	ן	ר	ו	ף	ע
מ	ו	ז	י	א	ו	ן	ת	ל	מ	ת	ש	פ	צ
ח	צ	ת	ה	ש	נ	ס	ר	פ	ס	ת	י	ב	ש
ם	ש	ר	נ	ף	פ	א	א	ף	ד	א	ד	ד	ף
א	ן	ב	ה	ר	א	ן	ג	ל	ר	י	ה	ח	ש
א	ו	נ	י	ב	ר	ס	י	ט	ה	ת	ד	ף	פ
ה	י	ם	י	ה	א	פ	ר	מ	ע	ו	ב	ם	ר
ן	ד	י	פ	ק	ו	ל	נ	ו	ע	י	ה	כ	ל
כ	ט	ח	א	ב	ש	מ	פ	ת	פ	ח	ר	ם	ן
נ	צ	ר	מ	ע	ט	ה	ח	ט	נ	ן	צ	ב	צ
ד	א	פ	ס	ש	ל	צ	ל	ת	ר	ג	ח	כ	ר
פ	ב	ס	ל	מ	ל	ו	ן	ו	ר	ט	א	י	ת

שוק
מוזיאון
בית מרקחת
בית ספר
אצטדיון
חנות
סופרמרקט
תיאטרון
אוניברסיטה
גן חיות

שדה תעופה
מאפייה
בנק
חנות ספרים
קולנוע
מרפאה
פרחים
גלריה
מלון
ספריה

47 - Antarctica

ש ס ר ו מ י ש ד א צ כ ע ג מ
ג ב ן ם ח מ ג ן כ ם ם ל ד ל
מ י ם ד צ ל צ ץ ר פ מ ע ה מ
ס ב ח ה י ק ר ח ו נ י ם י ח
י ה ר ג ה ג ט ת ג ט ה נ פ ו
ב ם א ש א ט מ א צ ד ר ל ר ק
ש י ק ה י י ק ו ר ל י ג ג ר
ת ר ל ד ס ה ת ע י ח ג מ ו ד
ח ו ש א ס ע ח ם ס ל ה ל א ט
ט פ ט צ ר נ ל ת ח ל ש מ ג פ
ב י ב ש ג נ ה ר ו ט ר פ מ ט
ח צ צ ף ת י פ ם ד ס ת ב ף ס
ד ת א י י ם ם פ נ ד מ נ נ ב
ב ה י פ ר ג ו פ ו ט ג ד ת ט

איים
הגירה
מינרלים
חצי האי
חוקר
רוקי
מדעי
טמפרטורה
טופוגרפיה
מים

מפרץ
ציפורים
עננים
שימור
יבשת
סביבה
משלחת
גאוגרפיה
קרחונים
קרח

48 - Ballet

ר	ה	ר	ז	ח	ן	ג	ה	ת	פ	ח	ם	ד	ן
ת	ק	ד	ר	ס	ד	ג	ב	ר	ת	ן	ג	ם	ס
ז	י	ד	ש	ר	ג	ע	נ	ג	מ	ל	ח	י	ן
מ	ז	צ	נ	ם	נ	נ	ה	ו	צ	ה	ג	ר	ב
ו	ו	ם	ע	י	ב	מ	ו	ל	ו	ק	מ	ו	ג
ר	מ	ע	צ	ר	ם	נ	ו	ן	ע	כ	ב	ע	ם
ת	ח	ה	ר	י	ת	ף	ח	ע	ף	ס	פ	י	א
א	ד	כ	ם	ר	ר	ג	מ	ן	ר	ח	ו	ש	כ
מ	ב	ר	מ	ש	ח	ט	כ	נ	י	ק	ה	ל	כ
נ	ח	כ	ו	ר	י	א	ו	ג	ר	פ	י	ה	ו
ו	י	ף	ק	א	ר	א	ר	א	ס	נ	צ	ח	ש
ת	נ	נ	צ	ר	ף	ן	ש	נ	ל	מ	ר	ן	צ
י	נ	נ	ב	ג	ס	ש	ם	מ	ט	ד	ד	א	פ
ב	י	ה	ם	ח	ש	ש	מ	י	ו	נ	מ	נ	ת

אמנותי
קהל
כוריאוגרפיה
מלחין
רקדנים
מביע
מחווה
חינני
עוצמת
שיעורים

שרירים
מוזיקה
תזמורת
תרגול
חזרה
קצב
מיומנות
סולו
סגנון
טכניקה

49 - Fashion

ת	פ	ש	ס	מ	ח	ג	צ	ת	ם	ק	ר	מ	מ
ב	ש	ע	ר	א	ל	ג	נ	ט	י	י	ס	ן	י
ת	ו	צ	ק	ק	י	ט	ו	ב	נ	נ	ן	ח	נ
ח	ט	ת	י	ן	מ	ע	ע	פ	צ	ר	ב	צ	י
ר	נ	ן	כ	ם	ט	ה	ב	כ	ח	ד	מ	ת	מ
ה	ם	ם	פ	כ	צ	מ	ד	ב	ל	ו	א	ו	ל
מ	ד	ף	ע	ח	ם	ף	מ	ד	ס	מ	ד	ד	י
ק	ן	א	נ	ו	ח	פ	ע	ע	צ	ט	כ	י	ס
ו	צ	ם	ט	ת	נ	ת	ש	ס	ר	ג	ף	מ	ט
ר	ט	ה	ע	מ	ע	צ	י	ג	ן	ה	ש	ת	י
י	ב	נ	ם	מ	צ	ה	מ	נ	ם	כ	ט	ד	ת
כ	ל	צ	ן	ג	א	ב	ן	ו	ם	ס	ף	נ	ם
צ	ש	כ	ן	מ	ד	ש	ס	ן	צ	כ	ב	ד	ד
ן	ר	פ	ר	ה	ג	ת	ת	פ	ח	ת	צ	צ	ף

בוטיק
לחצנים
נוח
אלגנטי
רקמה
יקר
בד
תחרה
מידות
מינימליסטי

מודרני
צנוע
מקורי
תבנית
מעשי
פשוט
מתוחכם
סגנון
מרקם
מגמה

50 - Human Body

ת	ף	ר	ל	ב	מ	ן	כ	ש	ת	פ	ל	כ	ף
פ	ה	צ	ג	ר	ה	ת	פ	א	כ	צ	ב	ר	ך
ע	ו	ר	ר	פ	ל	ת	ה	נ	ת	ס	ל	ט	נ
פ	ן	ת	ת	מ	פ	ן	ל	צ	ף	ם	מ	נ	ש
ן	ל	פ	מ	א	ם	ל	מ	ד	ע	ס	ר	ס	ג
ת	ס	כ	ם	ת	ף	כ	ף	ש	ע	ף	ן	ט	א
ף	ע	ב	צ	א	ט	ל	ן	צ	פ	ם	מ	ד	ג
ג	צ	צ	צ	ק	ר	ס	ו	ל	א	פ	ת	ם	מ
מ	ו	ח	מ	ת	ר	א	צ	פ	ר	מ	כ	פ	ף
ג	ם	ש	ד	ו	ט	ה	ו	מ	ן	ר	ם	פ	ר
ר	א	ש	ל	ט	ת	מ	ס	ו	ח	פ	י	נ	ל
ש	ש	ת	ס	א	ו	ז	ן	ג	צ	ק	ד	י	ע
ף	ה	ה	ן	ש	ה	ש	ב	א	ש	ן	ס	ם	ד
ן	פ	ש	פ	כ	ב	ש	ע	ן	ם	ע	ס	פ	נ

ראש
לב
לסת
ברך
רגל
פה
צוואר
אף
כתף
עור

קרסול
דם
עצמות
מוח
סנטר
אוזן
מרפק
פנים
אצבע
יד

51 - Musical Instruments

ס	ב	ן	ט	מ	א	א	ט	ם	ח	ד	ת	פ	כ
ג	ט	ם	נ	ק	כ	ב	ש	ב	ד	ו	ס	נ	ה
ע	ת	נ	ב	ל	נ	ו	ת	ו	ף	נ	ו	ל	צ
ם	מ	ה	י	ו	ן	ב	ב	מ	ת	כ	ד	ם	ע
ר	א	ל	ר	ת	א	א	ר	ר	ב	ם	ן	ן	ף
ן	ח	ל	ס	ת	א	י	מ	ת	י	ח	ו	פ	מ
ו	ג	נ	ב	י	ם	ח	ר	ק	ת	ל	פ	ב	ג
ס	נ	צ	פ	פ	ט	צ	י	ל	ד	פ	ו	ב	ם
ב	צ	ף	נ	ו	ר	ו	מ	ר	פ	ש	ס	כ	ר
ח	נ	ט	נ	ף	ו	צ	ב	י	ם	ח	ק	ד	פ
ב	נ	צ	ב	ג	מ	ר	ה	נ	ג	ר	ס	ט	פ
נ	ג	א	ן	ו	ב	ה	ט	ט	ה	ר	ט	י	ג
ם	ם	ר	ט	נ	ו	ה	נ	י	ל	ו	ד	נ	מ
ל	ה	ס	א	ג	ן	ר	כ	ת	ר	ו	נ	י	כ

בנג'ו
בסון
צ'לו
קלרינט
תוף
מקלות תיפוף
חליל
גונג
גיטרה
מפוחית

נבל
מנדולינה
מרימבה
אבוב
פסנתר
סקסופון
תוף מרים
טרומבון
חצוצרה
כינור

52 - Fruit

ר	ה	נ	א	ת	כ	ע	ש	פ	פ	א	י	ה	ן
ח	ג	כ	נ	מ	ד	ו	ב	ד	ב	ן	נ	נ	א
ל	ג	ר	ם	ש	מ	נ	ג	ו	ר	ק	ט	נ	ן
ל	ד	מ	ת	ר	א	ח	ק	ת	ט	צ	ג	ב	ב
ס	ם	ה	ט	ן	כ	ד	ט	ר	ן	ט	פ	נ	מ
ת	נ	ע	ק	י	ו	ו	י	כ	צ	ן	פ	כ	ש
פ	ד	מ	ת	א	נ	נ	ס	ן	ק	ס	ר	פ	א
ט	פ	פ	א	ה	ה	ס	ס	ס	ג	א	י	ר	ב
ל	ו	ח	פ	ם	ב	ה	ל	ו	ה	ן	ף	נ	ף
ח	ש	ל	ם	מ	א	ה	מ	ק	ם	ד	ש	מ	צ
ס	ס	י	א	ע	י	א	ב	ו	ג	ת	ח	כ	ן
מ	ש	מ	ש	מ	ו	ת	ן	ק	ל	ט	ם	ע	ר
א	ר	ו	כ	מ	ג	ד	ע	נ	ס	צ	ע	ח	ר
ט	ש	ן	כ	ג	מ	ל	ו	ן	פ	ג	צ	ם	ח

תפוח
משמש
אבוקדו
בננה
ברי
דובדבן
קוקוס
תאנ'ה
גפן
גויאבה
קיווי
לימון
מנגו
מלון
נקטרינה
פפאיה
אפרסק
אגס
אננס
פטל

53 - Engineering

ד	ר	מ	ף	ע	ם	י	פ	ו	נ	מ	ן	ת	מ
ע	ל	א	ף	ת	י	ן	ע	ד	ה	כ	ת	ר	ב
נ	ע	ם	ן	ם	כ	ב	מ	ח	ס	ג	ג	ש	נ
ק	ו	ש	צ	ע	ו	נ	מ	ם	ה	פ	ת	י	ה
ם	ו	ז	ר	ג	ל	ף	מ	ט	ד	נ	י	ם	ר
מ	א	ט	ל	ז	י	ד	כ	ן	י	כ	ו	ח	צ
ע	פ	ל	ר	ש	ה	צ	ף	ח	ד	ם	ו	כ	פ
ח	ה	י	ג	ר	נ	א	ע	א	מ	ח	ז	ת	מ
ש	פ	ע	ע	י	ט	ה	א	נ	ט	ף	כ	ר	ט
ד	צ	ו	מ	צ	ן	ט	צ	מ	נ	ה	נ	ע	ה
ב	ה	מ	ע	ל	ש	ן	ם	י	צ	י	ב	ו	ת
א	ח	ק	מ	פ	פ	פ	ג	ס	ב	נ	י	י	ה
ר	פ	ת	ג	א	פ	ח	י	ש	ו	ב	פ	כ	ע
ל	ד	ט	צ	נ	ן	ב	ס	ת	א	ט	כ	ד	ע

הילוכים
מנופים
נוזל
מכונה
מדידה
מנוע
הנעה
יציבות
כוח
מבנה

זווית
ציר
חישוב
בנייה
עומק
תרשים
קוטר
דיזל
הפצה
אנרגיה

54 - Kitchen

נ	כ	ה	ם	ן	ש	ט	צ	נ	צ	נ	ת	ט	ם
נ	ג	כ	מ	ר	כ	פ	ד	א	פ	ב	ו	ס	ר
ה	ש	פ	ג	מ	ח	ם	ט	א	ל	פ	ס	נ	ב
פ	ג	י	ף	ת	נ	ו	ר	י	ו	מ	ו	ם	ל
ג	נ	ו	ל	י	ר	ג	נ	פ	כ	נ	כ	א	ף
ס	ב	ת	ד	ט	ן	י	י	ק	א	פ	א	ג	מ
ר	ה	ר	ע	ק	ם	ח	ס	מ	ל	צ	ש	ו	מ
ב	ל	ר	כ	ו	י	ע	ב	ף	ט	א	ר	פ	נ
ט	מ	ק	ק	מ	נ	ן	ו	כ	ת	מ	י	ס	צ
ף	צ	מ	ם	ף	י	פ	ף	ס	ד	ת	פ	מ	א
ס	ו	ה	ל	י	כ	א	ת	ו	ל	ק	מ	פ	כ
ק	נ	ס	ח	ף	ס	ר	א	ש	פ	ה	נ	ל	ד
ט	ת	ד	ף	ן	ו	ז	מ	ת	ו	ג	ל	ז	מ
נ	ג	ם	ב	פ	ס	ן	ע	ף	ד	ט	ש	ג	ת

קומקום
סכינים
מפית
תנור
מתכון
מקרר
תבלינים
ספוג
כפיות
לאכול

סינר
קערה
מקלות אכילה
כוסות
מזון
מזלגות
מקפיא
גריל
צנצנת
כד

55 - Government

א	ו	מ	ה	ת	נ	ג	ד	ו	ת	ס	ס	ל	צ
ד	ה	ש	ס	כ	ט	ב	מ	ם	ק	ו	ח	ף	ג
צ	ר	פ	ע	ש	ל	י	ו	ט	מ	ת	פ	ן	פ
ש	ת	ט	ע	א	צ	ד	ק	ש	ו	ו	י	ו	ן
כ	ג	י	ס	כ	נ	א	ר	ן	ס	ר	ל	י	פ
נ	כ	ח	ש	י	פ	ו	ט	י	פ	י	מ	ד	ם
ת	צ	ס	מ	צ	ב	ר	י	ד	ט	ח	ס	ן	א
ע	ש	נ	ף	י	ג	ט	ה	י	ט	ס	פ	ז	מ
ט	כ	פ	ד	ת	פ	ל	ק	נ	ט	ע	ר	ל	ס
ב	א	נ	ד	ר	ט	ה	כ	ס	ר	ח	מ	ף	כ
ף	ב	ל	ל	ח	ש	ף	ב	ח	ו	ב	ף	כ	פ
מ	ד	ח	פ	ו	ן	ד	ב	ת	ט	א	ם	ח	כ
ה	ם	פ	ם	ק	ר	ג	ס	ת	ו	א	מ	צ	ע
ב	פ	ם	ט	ה	ת	א	ב	ע	ל	מ	פ	צ	ב

אזרחות
אדיב
חוקה
דמוקרטיה
דיון
התנגדות
שוויון
עצמאות
שיפוטי
צדק

חוק
משפטי
חירות
אנדרטה
אומה
שליו
פוליטיקה
דיבור
מצב
סמל

56 - Art Supplies

ר	נ	ק	ח	מ	ן	ע	ם	כ	ס	ח	ע	צ	מ
ג	פ	י	פ	ט	צ	מ	ד	ב	ה	ס	פ	ב	ב
צ	ל	ל	י	ע	ג	ה	ל	ע	ר	ט	ר	ע	ר
ת	ו	י	ת	ר	י	צ	י	ס	ר	א	ו	י	ש
פ	ר	ר	ר	ת	ו	נ	ו	י	ע	ר	נ	מ	ו
ח	ף	ק	ט	ק	ד	י	כ	ע	ם	ם	ו	י	ת
ם	נ	א	ה	ב	ב	ה	צ	נ	ף	נ	ת	ם	ף
ש	ב	מ	מ	ד	ל	ס	מ	ן	א	ל	א	ע	ב
פ	ס	ט	ל	י	ם	ה	ס	מ	כ	ף	ח	פ	ר
ם	פ	ג	צ	צ	י	ם	ח	ש	ט	נ	ן	א	מ
ן	ש	ס	מ	ם	ע	ט	כ	י	ס	א	ד	י	ו
ר	ל	מ	ל	א	ב	א	ש	ף	ל	פ	מ	ב	ב
ח	ש	י	ל	ע	צ	ח	ב	נ	ה	ף	ת	ש	ר
צ	ח	ם	א	א	פ	ן	ד	ד	ר	ח	ר	ס	ל

אקריליק
מברשות
מצלמה
כיסא
פחם
חרס
צבעים
יצירתיות
כן ציור
מחק

דבק
רעיונות
דיו
שמן
נייר
פסטלים
עפרונות
טבלה
מים
צבעי מים

57 - Science Fiction

ח	ע	ר	ת	ב	ס	ג	ע	ר	ל	צ	ע	א	ן
ק	י	צ	ו	נ	י	ת	כ	ל	ב	כ	ו	כ	ק
ה	ע	א	ט	כ	נ	ו	ל	ו	ג	י	ה	ש	ו
י	נ	ו	י	מ	ד	ר	ו	ב	ו	ט	י	ם	ל
ל	ע	ל	מ	צ	י	פ	ד	ח	ן	ן	פ	י	נ
ש	ב	ה	ו	ע	ת	ן	פ	כ	צ	נ	ו	ל	ו
א	ש	ל	ט	ל	ע	ו	ל	ם	ט	א	ט	ק	ע
ם	ם	ש	א	ק	ם	ה	ע	ס	ד	ו	ס	י	ב
ח	ר	ם	י	ר	פ	ס	ט	ב	ע	ט	י	מ	ן
ג	מ	ס	ת	ו	ר	י	ת	ש	נ	ו	ד	י	פ
ח	ן	ף	ם	א	ץ	ו	צ	י	פ	פ	ת	כ	ת
ט	ד	פ	ס	ה	י	ס	ק	ל	ג	י	נ	ן	ב
ף	צ	ף	ע	ת	ה	פ	כ	ע	ת	ה	מ	נ	כ
א	צ	ף	א	ט	מ	ט	ש	ה	מ	צ	א	ט	ס

גלקסיה
אשליה
דמיוני
מסתורי
אורקל
כוכב לכת
רובוטים
טכנולוגיה
אוטופיה
עולם

אטומי
ספרים
כימיקלים
קולנוע
דיסטופיה
פיצוץ
קיצוני
פנטסטי
אש
עתידני

58 - Geometry

מ	א	מ	ט	ק	מ	ס	ש	ש	ג	ן	מ	ח	ז
פ	ס	ו	ס	ט	ש	י	ח	ל	ט	ס	ש	צ	ו
ר	ת	פ	פ	ע	ט	מ	ג	ו	ב	ה	ו	י	ו
ו	ף	ר	ר	ק	ח	ט	מ	ש	ו	ק	ו	ו	י
פ	פ	ל	ט	ל	י	ר	פ	מ	ש	י	א	ן	ת
ו	א	י	ו	נ	ח	י	ח	ה	י	ג	ה	ט	ח
ר	ף	ב	ק	ס	ס	ה	ת	ף	ח	ו	י	ת	פ
צ	ע	ק	ו	מ	ה	מ	ר	ג	מ	ל	ר	ד	ף
י	ה	מ	ם	ן	ה	פ	ח	ג	ע	ח	ו	ח	פ
ה	ר	ג	ס	פ	ל	ב	ג	ש	ג	ב	א	ה	צ
ה	מ	מ	ד	ה	ל	ח	ה	צ	ל	ם	י	ח	ח
ס	ף	ש	ע	ם	ע	ן	ג	ן	צ	ש	ת	פ	ל
ת	פ	ף	ד	ד	ת	צ	מ	ם	ש	ה	ס	ם	ש
נ	ע	ג	ד	ג	ף	ח	ן	ח	ה	ג	ח	ף	ה

זווית
חישוב
מעגל
עקומה
קוטר
ממד
משוואה
גובה
אופקי
לוגיקה

מסה
חציון
מספר
מקביל
פרופורציה
קטע
משטח
סימטריה
תיאוריה
משולש

59 - Creativity

ר	ב	פ	ס	ה	ש	ר	ח	ד	ד	א	ת	ב	צ
ת	ג	ד	נ	צ	ס	ף	ף	כ	ף	י	צ	י	ס
ו	ם	ש	ו	ר	ת	ד	ת	ן	צ	נ	ת	ט	מ
ר	ש	ת	ו	י	ט	נ	ת	ו	א	ט	מ	ו	כ
י	ע	ה	ם	ת	ח	ר	ו	י	ח	ו	ו	י	ח
ה	ן	י	ט	מ	ר	ד	ל	מ	י	א	נ	ם	ב
ב	ם	ה	ו	ע	ן	ט	י	ד	ו	י	ה	ח	ס
ר	ף	מ	ס	נ	ה	ם	ז	א	נ	צ	א	ז	פ
ש	ן	ף	ר	ן	ו	מ	נ	ב	י	י	ר	י	ו
ד	א	ט	א	ן	ש	ת	צ	ה	ו	ה	ש	ו	נ
מ	י	ו	מ	נ	ו	ת	ן	א	ת	ש	ה	נ	ט
ע	ו	צ	מ	ת	ת	ת	צ	כ	ה	ו	א	ו	נ
ב	כ	ל	ב	ג	ד	ה	מ	ע	כ	ח	מ	ת	י
א	מ	נ	ו	ת	י	ר	נ	ל	ן	ת	פ	ן	א

אמנותי
אותנטיות
בהירות
דרמטי
רגשות
ביטוי
נזילות
רעיונות
תמונה
דמיון

רושם
השראה
עוצמת
אינטואיציה
המצאה
תחושה
מיומנות
ספונטני
חזיונות
חיוניות

60 - Airplanes

א	ם	ע	ס	ו	נ	ף	י	ע	ר	ר	ל	ה	ג
ו	ה	ם	י	פ	ח	ד	מ	ר	פ	א	ד	ר	ג
ו	צ	צ	נ	צ	ר	ק	י	ע	י	ד	א	פ	ו
י	ו	צ	ף	ע	ו	נ	מ	ס	צ	ד	מ	ת	ב
ר	ו	ד	ד	ל	ק	ב	א	ס	ה	מ	ה	ק	ה
ס	ת	ד	ל	כ	צ	א	ט	ט	י	י	ס	ה	ת
ח	ר	ר	ה	ר	י	ו	ו	א	ר	ל	ח	י	י
ן	ש	מ	ל	ת	נ	ו	ד	ע	ו	ה	ם	י	ח
ן	ב	ט	צ	ס	ע	ל	ו	ת	ט	ח	ב	נ	נ
מ	ע	צ	א	ט	ף	א	ף	ן	ס	נ	ט	ב	ת
א	ל	ס	ן	נ	ט	ט	ם	ף	י	ף	ה	כ	כ
ב	ל	ו	ן	ס	ע	ר	ה	ת	ה	ח	ר	פ	ד
ם	כ	מ	ן	ת	ה	ם	ן	ן	ג	מ	ט	ש	ט
ש	ד	נ	ט	ב	ע	ח	ג	מ	י	מ	ן	ר	כ

הרפתקה
אוויר
אווירה
בלון
בנייה
צוות
ירידה
עיצוב
כיוון
מנוע
דלק
גובה
היסטוריה
מימן
נחיתה
נוסע
טייס
מדחפים
רקיע
סערה

61 - Ocean

ת	ת	כ	ד	ן	ד	ן	ש	י	ר	כ	מ	ש	ן
ט	ת	ט	א	ת	ו	צ	א	ר	ן	ב	ש	ל	ר
ט	ף	ג	ס	י	ל	ע	מ	ם	י	ל	ג	ה	ח
כ	ב	ס	מ	ו	פ	ה	ב	פ	כ	מ	ה	ס	ף
ל	ש	פ	ס	ו	י	א	ס	נ	ד	ג	פ	צ	ח
צ	ס	ו	ג	ל	ן	ו	נ	מ	ת	ד	ח	ס	ב
א	ר	ג	ל	ג	ט	ש	פ	א	ה	ל	כ	ב	ר
ט	ח	ו	ש	ר	ר	ג	ם	ם	ח	פ	ו	ל	צ
נ	ן	מ	ס	כ	ס	ח	ב	ם	ב	ש	ס	ם	ד
ח	ע	ל	ש	ו	נ	י	ת	מ	ד	ו	ז	ה	פ
ת	ב	א	ס	ס	א	צ	ג	ש	ה	ת	כ	נ	ה
ף	א	א	ת	מ	ל	ט	ג	ס	ר	ו	ת	ו	ר
מ	פ	ט	ן	ף	ן	ת	ח	ם	ל	א	ן	ט	ע
ן	א	ט	א	ס	ט	ל	ב	ף	ע	ג	נ	ט	ס

אצות
אלמוג
סרטן
דולפין
צלופח
דג
מדוזה
תמנון
צדפה
שונית

מלח
כריש
שרימפס
ספוג
סערה
גאות ושפל
טונה
צב
גלים
לוויתן

62 - Force and Gravity

מ	מ	ן	ע	ת	ס	ת	ל	ן	מ	ת	ד	ל	ה
א	ר	ג	ט	ן	ע	נ	ח	ל	י	ל	ן	ה	ר
ם	ן	כ	נ	ח	ם	ו	ץ	ר	ל	ד	מ	ל	ח
ש	ל	מ	ז	ט	ם	ע	ר	פ	ס	צ	י	ר	ב
ד	י	נ	מ	י	י	ה	ת	ו	ר	י	ה	מ	ה
ח	ו	ג	כ	ג	ס	ו	ק	ג	ב	נ	צ	ח	ד
א	ל	ט	נ	ף	כ	ע	ת	י	י	ל	ף	י	ז
ת	י	ל	ת	כ	נ	כ	מ	א	נ	צ	ס	כ	מ
ן	ג	ה	פ	י	ז	י	ק	ה	ו	כ	ד	ו	ן
ף	מ	ר	ח	ק	מ	ש	ק	ל	א	ן	מ	ך	ה
מ	ס	ל	ו	ל	כ	ו	כ	ב	י	ל	כ	ת	ש
ל	ע	ף	ת	ע	צ	כ	נ	ן	צ	ס	ב	צ	פ
מ	ף	ה	ם	נ	ה	מ	ף	א	ף	ן	ס	ט	ע
ת	כ	ח	ש	ס	ם	ס	צ	ר	ן	ג	צ	ף	ה

תנועה
מסלול
פיזיקה
כוכבי לכת
לחץ
נכסים
מהירות
זמן
אוניברסלי
משקל

ציר
מרכז
גילוי
מרחק
דינמי
הרחבה
חיכוך
השפעה
מגנטיות
מכניקה

63 - Birds

ן	צ	צ	נ	פ	צ	י	א	נ	ק	ש	ת	ע	ט
ה	ש	ח	ף	א	ו	ו	ז	נ	ת	נ	ש	ע	ו
כ	מ	ל	ן	ע	י	א	א	נ	פ	ע	מ	ו	ק
ן	ה	צ	י	ב	ר	ו	ע	ע	ש	ה	נ	ף	א
ט	ב	ר	ו	ו	ז	ע	ס	ב	ם	ר	ץ	פ	ן
צ	מ	ו	ו	ג	נ	י	מ	ל	פ	ן	ח	מ	ש
כ	נ	ר	ג	ב	ש	א	ן	ע	ד	ם	ה	ט	ל
ג	ה	ד	נ	ן	ר	פ	ע	צ	א	ח	ש	ת	ב
ף	ה	ד	י	ס	ח	ב	ט	ב	ר	ר	צ	ג	צ
ם	ד	פ	פ	פ	ט	פ	ב	ד	פ	ן	ף	ח	פ
ם	ה	י	י	ק	ו	ק	ף	ב	ד	ד	ף	ף	ט
ה	נ	כ	פ	ש	ו	ה	ד	ג	צ	כ	ר	ן	ן
ה	ד	ו	ע	ש	ס	ג	ר	ם	ל	כ	ט	ם	ח
ב	ל	ת	מ	ף	צ	ר	צ	ה	צ	ד	א	א	כ

אנפה
יען
תוכי
טווס
שקנאי
פינגווין
דרור
חסידה
ברבור
טוקאן

עוף
עורב
קוקייה
ברווז
נשר
ביצה
פלמינגו
אווז
שחף
נץ

64 - Nutrition

ק	ל	ו	ר	י	ו	ת	א	ה	ת	ס	ף	ס	ס
ר	ף	ח	ד	ג	נ	ס	ד	ח	ת	ס	ח	נ	ל
צ	ב	א	ף	ט	ס	מ	כ	ס	מ	ג	ס	ש	ס
ג	א	צ	מ	ת	צ	ח	מ	ה	פ	ד	ר	ן	ח
מ	ר	י	ר	ו	ם	ה	ס	מ	ה	ר	פ	ע	ה
ן	ז	ו	א	מ	י	מ	ר	ש	א	ו	ם	ע	ט
ל	ם	ס	ת	י	נ	ט	ת	ג	ף	ט	ח	י	ס
ע	ע	א	י	מ	ו	מ	מ	ל	ל	ב	ה	כ	ח
ר	פ	מ	א	ח	ב	מ	ג	י	ח	י	צ	ו	ח
ס	א	ס	ב	פ	ל	ב	ב	כ	ן	ש	ם	ל	ע
נ	ר	נ	ו	כ	ח	מ	ר	א	מ	י	כ	ק	ר
ג	צ	ן	ן	ב	ע	צ	י	ף	ר	ג	ז	ש	ש
ב	ר	י	א	ו	ת	ג	א	ף	ע	ח	ח	מ	פ
א	י	כ	ו	ת	ת	ס	י	ס	ה	ט	א	י	ד

הרגלים
בריאות
בריא
מזין
חלבונים
איכות
רוטב
רעלן
ויטמין
משקל

תיאבון
מאוזן
מריר
קלוריות
פחמימות
דיאטה
עיכול
אכ׳יל
תסיסה
טעם

65 - Hiking

נ	ב	ם	מ	ם	מ	ף	ט	מ	א	ב	נ	ק	צ
פ	ס	ג	ה	י	ן	ם	י	י	פ	ג	מ	מ	ו
ע	כ	ב	ד	א	ם	י	מ	ד	ם	ה	א	פ	ק
ב	י	ף	ף	ר	י	כ	ט	ה	ד	ח	ב	י	ט
ט	ח	י	כ	פ	ק	י	ל	פ	ן	פ	נ	נ	ל
מ	ם	ש	ף	ה	ר	ר	ה	ט	צ	נ	י	ג	נ
נ	ט	י	י	ה	א	ד	מ	ש	א	ש	ם	ע	פ
ס	כ	נ	ו	ת	פ	מ	ש	ט	ר	ש	נ	ג	פ
צ	א	ק	ל	י	ם	ש	ס	ר	פ	נ	ח	ה	ד
ם	כ	ף	ם	נ	מ	ח	ג	ה	ם	ה	ש	מ	ש
ם	ן	ת	ף	ף	ד	ן	פ	ם	ט	א	ם	ל	ל
ר	ל	ן	פ	ט	ד	ש	צ	ם	ב	ב	ח	ה	ט
ה	כ	נ	ה	ה	ת	פ	ח	י	ו	ת	ת	ש	ס
ג	ע	ה	ב	ה	א	ד	ח	ן	ן	מ	פ	נ	ש

חיות
מגפיים
קמפינג
צוק
אקלים
מדריכים
סכנות
כבד
מפה
הר

טבע
נטייה
פארקים
הכנה
אבנים
פסגה
שמש
עייף
מים
פראי

66 - Professions #1

ה	ע	ר	י	ר	ג	ש	ע	ן	ט	י	ש	כ	ת
ב	ו	כ	צ	צ	ף	ו	ד	ח	ף	ם	ת	ה	ן
ה	ר	ט	ג	ט	ר	ע	א	ג	כ	ת	ו	ח	א
ר	ך	ס	מ	ך	ג	ה	ס	ה	ב	ר	ב	ר	ש
צ	י	י	ד	ד	ו	ק	ט	ו	ר	ה	ח	נ	מ
ח	י	י	ט	ר	ט	ס	ר	ן	ר	ת	נ	ס	פ
פ	ן	ף	ק	צ	ר	מ	ו	ז	י	ק	א	י	ן
ס	ש	ד	ל	ס	ק	מ	נ	ף	ע	מ	ו	ר	ע
י	ן	מ	נ	ג	י	א	ו	ל	ו	ג	ט	ה	ב
כ	ת	ל	ט	ן	ט	מ	ם	ע	ם	ה	ר	נ	ל
ו	ל	ח	ם	נ	ג	א	ב	פ	מ	ס	י	ת	ט
ל	צ	פ	ל	ל	ב	נ	ק	א	י	צ	נ	כ	ף
ו	ף	צ	ב	מ	ש	ט	מ	כ	ט	נ	ר	ב	ע
ג	א	נ	ב	מ	פ	ן	ש	ס	ת	ל	ב	ם	ר

שגריר
אסטרונום
עורך דין
בנקאי
קרטוגרף
מאמן
רקדן
דוקטור
עורך
גיאולוג

צייד
תכשיטן
מוזיקאי
אחות
פסנתרן
שרברב
פסיכולוג
מלח
חייט
וטרינר

67 - Barbecues

ת	פ	ר	ג	ל	ח	ף	ע	ש	ן	ג	ף	ע	י
ר	פ	ו	מ	ס	מ	ז	ל	ג	ו	ת	ף	ל	ס
א	א	ט	ד	כ	כ	כ	ט	מ	ז	ו	ד	ע	ת
א	פ	ב	ג	י	נ	ע	כ	ש	מ	י	פ	ת	ו
ח	ה	ר	ן	נ	א	ט	ם	פ	ם	נ	ץ	י	ק
ב	י	ס	ע	י	ר	מ	ל	ח	י	ב	ה	ף	ר
ל	ה	ל	ר	ם	ו	כ	ר	ה	ק	ג	ג	מ	י
ה	ג	ט	ח	י	ח	ל	ע	ק	ח	ע	ה	ת	כ
ת	ד	י	ח	ר	ת	ן	ב	י	ש	ע	ת	צ	ת
צ	ע	ם	ר	ב	ע	ס	ד	ז	מ	ף	ו	ע	ש
ג	צ	ף	ף	ח	ר	ע	ש	ו	ד	ל	ר	ר	ג
ע	ן	ש	ף	ל	ב	ס	ח	מ	פ	ע	י	פ	מ
ד	ה	ב	ג	ר	כ	מ	ה	ף	ם	ח	פ	ף	ד
כ	ד	ם	ס	כ	ר	ה	ר	ד	כ	צ	פ	ת	ע

עוף
ילדים
ארוחת ערב
משפחה
מזון
מזלגות
חברים
פירות
משחקים
גריל

חם
רעב
סכינים
מוזיקה
סלטים
מלח
רוטב
קיץ
עגבניות
ירקות

68 - Chocolate

ע נ מ ר ף ב ן ח ת ט ד ת ס מ
ס צ ל צ ת ה ש ת ו ק ק ו ת ס
ט א נ ב ט ה ת ש א כ כ כ ס ב
מ פ ו ג ח ם א ע ר ר ו י ס פ
ח ד ג ט ס ו ק ו ק ן ו א ק ק
ע ר ד כ ד כ ף צ כ ם ח ש ש ט
ה ף ח ס ג ר מ ע ט ס ן ח ב ב
ת ם מ ט ם י נ ט ו ב ת צ ת א
כ ל צ ט ח א ל ן ש פ ו ם ס ג
ן א ו ה ק ב א מ ר כ י ב ס ג
ף כ ן ג נ ם ן ם ע ט ר ו ת ר
ם ו נ ה א ק ז ו ט י ו ה ה ב
ג ל ס ם ת ח פ ק ר מ ל א נ ח
צ ת פ ם י ע ט מ מ ת ק ו ת מ

אהוב
מרכיב
בוטנים
אבקה
איכות
מתכון
סוכר
מתוק
טעם
לאכול

נוגד חמצון
מריר
קקאו
קלוריות
ממתק
קרמל
קוקוס
השתוקקות
טעים
אקזוטי

69 - Vegetables

ל ן ח ט ף ע ף ת כ נ ע ל ח ש
א ג ה מ ש א ח ע ט ל ס צ א פ
ם ב ד ת ע ל ד ס ל ר י ל נ ט
ע ר כ פ ס ב ס ש ם ל ו ל מ ר
ם ג ם ל כ ר ו ב י ת ש נ א ו
ה נ ו פ א כ צ ה ף ב מ ן ף ז
י י ש כ ב ב כ נ ר ג מ ע ל י
י ג ק ו ש י ט ר א ז ש ף ב ל
נ ס ע א ג פ נ ש ל ר ת ר ד י
ב צ ר ש פ נ מ ל פ פ ו ן ן ה
ג פ ע מ ל ת נ כ ל ק ם ו נ ב
ע ב א ם א ש ד ף ו א ש נ נ א
כ צ ע מ ע ד ס ל א ס ם צ ם ע
פ ל פ ט ר י י ה צ מ מ ר כ ס

ארטישוק
ברוקולי
גזר
כרובית
סלרי
מלפפון
חציל
שום
ג'ינג'ר
פטרייה

בצל
פטרוזיליה
אפונה
דלעת
צנון
סלט
שאלות
תרד
עגבנייה
לפת

70 - The Media

ח	פ	ח	י	ר	ח	ס	מ	מ	מ	י	מ	ו	ן
י	ח	ר	כ	פ	ח	צ	ג	ק	ק	ב	צ	צ	פ
נ	ה	מ	ס	ד	ע	ה	א	ל	ו	ו	פ	ן	א
ו	ה	פ	ר	ו	ב	י	צ	נ	ה	ו	מ	ם	י
ך	פ	ה	ש	ח	מ	ל	ר	ל	ד	נ	ן	י	נ
מ	ש	ג	ת	ו	נ	ו	מ	ת	ט	ע	ר	נ	ט
ה	פ	ן	ו	ן	ן	ד	ת	ג	ת	נ	ם	י	ל
ד	ג	ר	ד	ר	ד	י	ו	ם	ק	כ	ן	ז	ק
ו	ר	ף	ב	ף	ש	ה	י	י	ש	ע	ת	ג	ט
ר	ת	נ	ו	ד	ת	מ	ח	נ	ו	נ	ס	מ	ו
ה	ב	ג	ע	ם	ט	ם	נ	ו	ר	ד	נ	ג	א
ס	ה	ה	ג	ע	מ	ד	ו	ת	ת	ף	ס	ם	ל
ף	ם	ד	י	ג	י	ט	ל	י	ם	ע	ת	ר	י
ף	ת	ש	ם	ה	פ	נ	ב	ע	ל	ה	כ	צ	צ

פרסומות
עמדות
מסחרי
תקשורת
דיגיטלי
מהדורה
חינוך
עובדות
מימון
תמונות

תעשייה
אינטלקטואלי
מקומי
מגזינים
רשת
עיתונים
מקוון
דעה
ציבור
רדיו

71 - Boats

ב	נ	ד	ף	ב	ט	ד	א	ם	צ	ע	ד	פ	מ
מ	ה	ם	ן	ש	ל	צ	מ	ב	ב	ג	ף	נ	ב
ב	ס	ד	ש	ר	א	ו	ק	י	י	נ	ו	ס	ל
ג	ג	ד	ג	מ	ף	ף	ג	ת	ב	ע	צ	ש	ב
ע	ג	ב	נ	ם	ס	ה	ם	ש	כ	מ	מ	ל	ח
ר	ח	ח	ק	י	א	ק	ס	ג	ה	כ	ד	ג	י
ג	ף	ח	ע	ח	א	ן	א	ה	פ	ס	ף	מ	צ
ם	ע	נ	ה	נ	ה	ר	ג	ט	כ	ם	י	ח	ם
ג	י	א	ו	ע	ט	ו	ם	ה	ד	ו	ס	פ	ר
ש	א	ע	ם	ו	ס	ת	צ	ח	ר	ג	ס	ד	ח
ג	כ	נ	ר	ג	ע	מ	ו	א	ג	ג	א	מ	ם
ש	ט	ע	ג	ן	ג	א	ו	ת	ר	ו	ב	ע	מ
כ	ה	ס	ס	ף	ט	פ	ת	ף	ן	פ	ח	ה	ש
נ	ת	י	ש	ר	פ	מ	ן	א	נ	ל	ת	ר	ר

עוגן	ימי
מצוף	אוקיינוס
קאנו	רפסודה
צוות	נהר
עגן	חבל
מנוע	מפרשית
מעבורת	מלח
קיאק	ים
אגם	גאות
תורן	יאכטה

72 - Activities and Leisure

ת	ר	ט	ל	ו	ב	ס	י	י	ב	ת	ם	כ	ף
ח	ן	ט	ף	ע	ר	ו	ד	כ	ט	ח	כ	ש	ן
ב	ע	ב	א	פ	ר	כ	א	ד	מ	כ	ה	ה	נ
י	ק	כ	פ	ג	ע	ג	ל	י	ש	ה	ן	ס	ט
ב	מ	ד	ה	י	י	ח	ש	ג	ל	א	י	ט	ף
י	פ	ו	פ	ה	ב	ף	ל	ו	ג	ע	ח	ש	נ
ם	י	ר	ג	י	נ	ו	ן	ע	ו	צ	ם	ם	ל
ף	נ	ג	א	ה	ף	ר	ט	ת	ר	ד	ט	ה	מ
ש	ג	ל	מ	ד	כ	ג	נ	ח	ג	ב	ש	ר	כ
ח	ג	ס	נ	כ	ש	י	י	ה	נ	ע	ג	ד	ר
מ	י	ר	ו	ץ	ן	א	ס	ט	צ	י	ו	ר	כ
ת	פ	ם	ת	ס	ח	ג	ם	ה	ע	ר	ה	ט	ד
צ	ד	מ	ם	י	ל	ו	י	ט	ס	פ	ח	ר	ן
ל	נ	צ	ף	ע	צ	ל	י	ל	ה	ר	ל	ל	ח

אמנות
בייסבול
כדורסל
איגרוף
קמפינג
צלילה
דיג
גינון
גולף
טיולים

תחביבים
ציור
מירוץ
מרגיע
כדורגל
גלישה
שחייה
טניס
נסיעות
כדורעף

73 - Driving

ב	א	ב	מ	כ	ט	ה	ת	נ	א	ל	ג	ע	ד
ן	ח	ט	ה	פ	מ	ג	ט	ף	ל	ד	ד	כ	ס
ר	מ	י	י	ע	ם	ם	ת	א	ו	נ	ה	ב	כ
ע	ר	ח	ר	ד	ם	נ	י	מ	ש	א	י	ת	נ
ת	ר	ו	ו	ה	ר	ה	נ	מ	כ	פ	צ	ן	ה
ג	א	ת	ת	ן	ך	ס	ו	מ	ל	ב	ן	ו	ר
ט	ז	ת	נ	ו	ע	ה	כ	ף	א	ב	י	י	ט
א	ח	ל	נ	ח	ג	ף	מ	פ	מ	ר	ג	ש	ש
ן	פ	נ	ה	ג	ש	מ	ה	ע	א	ל	ק	י	מ
ס	ב	א	ג	ה	ו	ל	כ	י	ר	ג	ל	ר	פ
ב	ת	מ	נ	ו	ע	ו	נ	פ	ו	א	ד	ן	צ
ס	פ	מ	ג	ד	ל	ע	ם	ל	א	ר	ב	פ	ת
ת	ר	ד	ל	ל	ם	נ	מ	ג	ם	ג	ס	ד	ד
מ	ע	ם	ת	מ	מ	ר	ג	ל	ה	א	ל	מ	ס

תאונה
בלמים
מכונית
סכנה
נהג
דלק
מוסך
גז
רישיון
מפה

מנוע
אופנוע
הולכי רגל
משטרה
כביש
בטיחות
מהירות
תנועה
משאית
מנהרה

74 - Professions #2

צ	נ	פ	ן	ם	נ	כ	ף	ד	ס	ט	ח	ט	ב
ט	י	ח	ח	מ	ב	י	ו	ל	ו	ג	א	י	ע
צ	ב	י	ג	ג	ר	א	ס	ן	ל	ב	י	י	ד
ב	ט	פ	ר	צ	מ	נ	ו	מ	ה	מ	כ	ס	ל
כ	ל	ב	נ	ל	ו	ו	ל	ש	ם	מ	ר	כ	ס
פ	ד	ש	נ	ם	ר	ת	י	מ	ל	מ	כ	ע	פ
ר	נ	ל	ן	ל	ה	י	פ	א	נ	צ	כ	ט	ר
ל	פ	ס	כ	ס	ט	ע	ת	א	א	י	ר	ג	נ
ר	ו	פ	א	ש	י	נ	י	י	ם	א	כ	נ	י
ז	ו	א	ו	ל	ו	ג	מ	א	י	י	ר	ן	ת
ב	ש	ד	ה	צ	ה	ע	ד	פ	ח	ד	ט	ר	פ
ל	ע	מ	נ	פ	ד	נ	ח	ו	ס	ת	ט	ל	ן
ש	ג	ה	ב	ר	ע	ט	ן	ר	מ	ה	נ	ד	ס
ס	א	ס	ט	ר	ו	נ	א	ו	ט	ע	ט	מ	ס

ספרנית
בלשן
צייר
פילוסוף
צלם
רופא
טייס
מנתח
מורה
זואולוג

אסטרונאוט
ביולוג
רופא שיניים
בלש
מהנדס
איכר
גנן
מאייר
ממציא
עיתונאי

75 - Emotions

ע	ו	ג	ר	ס	צ	ג	ש	ף	ח	ב	ע	א	ח
ם	צ	א	ג	פ	ן	פ	ט	ף	ס	א	ל	ה	נ
ס	ט	ב	ט	ס	ב	א	צ	צ	פ	צ	א	ד	ת
פ	ג	א	ה	ב	ה	ח	מ	ש	פ	ש	ו	ה	ר
ש	ח	ף	צ	ל	כ	א	ב	ג	ל	ך	ש	ע	ל
ר	ם	ד	ו	פ	נ	ה	כ	ר	ך	ו	ר	ת	ר
ף	ד	ס	ר	ת	ו	כ	ן	נ	ב	ב	ם	פ	ם
ם	ף	ח	מ	פ	ש	כ	ם	ע	מ	נ	ע	ה	מ
ש	ס	נ	ף	ף	ע	ת	כ	ע	ס	ם	ת	ף	ן
ף	ח	ר	ן	ה	מ	ע	ס	ח	פ	ג	ה	א	ע
נ	מ	ח	ר	ח	ו	א	ס	י	ר	ת	ו	ד	ה
ג	ע	נ	ע	נ	ם	ה	ן	ד	כ	ה	ו	פ	נ
מ	צ	מ	ף	צ	ף	פ	ר	מ	ש	א	ל	צ	ה
ת	ן	ן	ד	ח	פ	ר	ח	ד	ר	ע	ש	ם	ם

כעס
אושר
שעמום
רגוע
תוכן
נבוך
נרגש
פחד
אסיר תודה
שמחה

חסד
אהבה
שלום
עצב
מרוצה
הפתעה
אהדה
רוך
שלווה

76 - Mythology

פ	ת	ת	ג	ב	ק	ת	ל	ע	נ	ק	נ	א	ה
ן	ח	ש	ל	ס	ר	ה	ב	ה	ג	י	ב	ו	ר
ן	ו	ס	א	ב	ב	כ	ם	צ	כ	ב	ג	ע	י
ל	כ	א	ו	ד	כ	צ	ע	פ	ט	ס	ם	ל	צ
ר	ם	ת	נ	ק	מ	ה	א	ל	ס	נ	ע	נ	י
ם	ן	ף	פ	פ	מ	ד	ל	צ	ו	ל	כ	כ	נ
ב	ד	ם	ל	ד	ה	ג	ו	מ	פ	ה	כ	ל	ֵ
ן	מ	צ	ב	ר	מ	א	ח	ם	י	ל	א	ת	צ
ת	ת	ס	ט	ל	י	ט	ם	ב	ט	א	ח	ר	ַ
מ	ו	ס	ח	ש	צ	ר	פ	ש	ב	ח	נ	כ	ח
ו	נ	ן	ם	נ	ו	ת	פ	ם	א	ה	ג	ט	צ
ת	ו	נ	ב	ן	ר	ר	ת	ו	ג	ה	נ	ת	ה
ה	מ	ש	צ	ב	צ	מ	ג	ר	א	ל	נ	ה	ר
ר	א	ג	ס	ל	ך	ו	ב	מ	ת	ר	ח	ט	נ

אבטיפוס
התנהגות
אמונות
יצירה
יצור
תרבות
אלים
אסון
גיבור
נֶצַח

קנאה
מבוך
אגדה
ברק
מפלצת
בן תמותה
נקמה
כוח
רעם
לוחם

77 - Hair Types

א	ר	ו	ך	ב	ב	ע	ב	ה	צ	א	ט	ג	מ
ן	ן	צ	ר	ר	ט	ס	פ	ז	ת	מ	ע	ב	נ
ע	ם	ם	ק	י	ר	ב	מ	ר	ב	ש	ו	ב	ל
ב	ל	ע	מ	א	ש	ח	ו	ר	ל	מ	ל	ת	ב
ת	ל	ת	ל	י	ם	י	ב	ש	ו	כ	ק	א	ם
ח	צ	ס	נ	ל	א	צ	מ	פ	נ	ן	נ	פ	פ
ב	ר	ד	כ	ג	מ	כ	ד	צ	ד	ל	פ	ס	כ
ח	ר	י	ק	ב	ב	פ	צ	נ	י	ש	ה	ן	ג
ע	ו	ל	ע	ל	ב	כ	א	ס	נ	ם	ב	ר	ב
ל	פ	ם	פ	ן	ד	ן	ף	ה	י	ף	ש	ד	ח
ף	א	ה	מ	ת	ו	ל	ת	ל	ג	כ	ט	ר	ט
ת	צ	ג	ן	צ	מ	ל	א	ר	ג	ף	ל	ף	א
צ	ב	ע	ו	נ	י	ב	ע	כ	ש	צ	ס	נ	ג
ב	ש	פ	ט	ם	כ	ן	ב	ע	ן	ש	ף	ח	כ

קירח
שחור
בלונדיני
קלוע
צמות
חום
צבעוני
תלתלים
מתולתל
יבש

אפור
בריא
ארוך
מבריק
קצר
רך
עבה
רזה
גלי
לבן

78 - Garden

צ	ט	ר	מ	פ	ו	ל	י	נ	ה	כ	י	ר	ב
מ	ו	ס	ך	ג	ס	ס	ט	פ	פ	ב	נ	ו	ן
ג	ג	ף	ח	ד	ן	ר	ר	ר	ר	ש	ג	נ	מ
ב	ר	ן	מ	ר	ץ	ע	פ	כ	ג	ח	ח	י	ס
א	ת	ח	פ	י	ר	ה	ן	פ	מ	כ	ה	צ	פ
ם	ג	מ	מ	ל	ש	ת	ת	ת	ה	ל	צ	ד	ף
ע	א	ל	ף	ש	ס	צ	ה	ף	כ	ב	ד	כ	ת
ב	ש	ו	ב	ב	ל	ן	ה	צ	ן	ש	ם	ה	כ
א	ד	מ	ה	נ	ן	א	ל	ג	ט	פ	ע	נ	ר
ת	ס	פ	ר	מ	ה	כ	ד	פ	ר	ש	ט	ן	ה
ח	ד	פ	ס	ל	ע	י	ם	ן	ס	ש	ן	ט	נ
ם	ש	ה	ס	מ	מ	ע	ח	ם	ה	פ	צ	ר	ר
ם	כ	ג	ל	ל	ה	נ	ב	ה	ם	מ	פ	ח	ר
ע	ש	ב	י	ם	ש	ו	ט	י	ם	ל	ר	ג	ט

ספסל
בוש
גדר
פרח
מוסך
גן
דשא
ערסל
צינור
בריכה

המרפסת
מגרפה
סלעים
את חפירה
אדמה
טרסה
טרמפולינה
עץ
גפן
עשבים שוטים

79 - Diplomacy

ש	ג	ר	י	ר	מ	ב	ב	ש	נ	ג	פ	ק	פ
מ	מ	ש	ל	ה	ז	ב	ש	י	ע	ת	ר	ה	ו
ע	ד	ג	ד	נ	ח	ר	ר	ר	ט	כ	ה	י	ל
ל	ן	ר	ן	מ	ט	ד	ט	ט	ף	ח	פ	ל	י
י	ו	ע	ץ	א	ע	ת	ה	י	פ	נ	ו	ה	ט
ט	י	ר	ע	ס	כ	ף	ש	נ	נ	מ	ת	ן	י
מ	ד	ד	ל	א	ס	א	ל	מ	כ	צ	ג	ו	ק
ו	פ	ן	ל	ת	ה	י	צ	ו	ל	ו	ז	ר	ה
ל	ר	ע	פ	י	ו	כ	ת	ה	ע	א	ג	ת	ר
פ	ף	צ	ה	ק	ם	ר	ל	ע	ם	כ	ה	פ	ש
י	פ	ם	ט	ה	מ	ם	י	ח	ר	ז	א	מ	ו
ד	ה	ת	נ	ג	ש	ו	ת	ר	ף	צ	ש	ב	י
ע	ם	כ	ת	ן	צ	ד	ק	ת	ג	ח	ב	ס	נ
ש	י	ת	ו	ף	פ	ע	ו	ל	ה	ש	ע	ה	ר

זר
ממשלה
הומניטרי
יושרה
צדק
פוליטיקה
רזולוציה
ביטחון
פתרון
אמנה

יועץ
שגריר
אזרחים
קהילה
התנגשות
שיתוף פעולה
דיפלומטי
דיון
שגרירות
אתיקה

80 - Beach

ש	נ	כ	ב	נ	ט	ב	ר	ת	א	ח	י	א	ם
ף	ו	ח	ס	ם	י	ל	ד	נ	ס	ל	ל	ו	ח
כ	ס	י	ר	ה	א	ל	ו	ח	כ	ג	ס	ב	ר
ה	ן	ד	ט	י	ו	ח	ן	ד	ש	ו	ל	נ	ב
ח	פ	ע	ן	ר	ק	נ	ם	ע	ף	נ	מ	ם	מ
ד	ן	ל	ת	ט	י	ח	ו	פ	ש	ה	ח	ל	ג
ע	צ	ם	ח	מ	י	ם	ס	א	מ	ב	ע	ע	ן
ג	פ	ע	ם	ף	נ	מ	א	ש	ס	ש	ף	ף	ע
ן	צ	מ	נ	ס	ו	ג	נ	מ	ג	ו	ש	ה	ב
א	ח	א	ס	ת	ס	ב	ט	ש	כ	נ	ף	ש	פ
פ	מ	פ	ר	ש	י	ת	א	ג	ר	י	מ	ג	פ
ח	ם	ה	ת	ו	ח	ש	ל	ח	ע	ת	ז	פ	א
פ	ס	ם	מ	ר	ח	ן	כ	ג	ח	י	ן	פ	א
ח	ח	צ	ח	כ	ט	ה	ע	י	ם	צ	נ	ר	ן

חול
סנדלים
ים
פגזים
שמש
לשחות
מגבת
מטריה
חופשה

כחול
סירה
חוף
סרטן
עגן
אי
לגונה
אוקיינוס
שונית
מפרשית

81 - Countries #1

ו ש פ י נ ל נ ד נ ס פ ה ל נ
נ ס ס ל ג ט ל ג ט נ ל ב ת ו
צ ד ע נ ח ב ח ר ט נ ן מ פ ר
ו ב ס פ ר י ם מ ע מ ר ו ק ו
א מ פ ל צ ה ס נ ס ת ל ח ת ו
ל צ נ ת ן ד ח י ר י א ם ע ג
ה ח י ס ל נ ט ה ן ת ר ן ק י
פ כ ק פ ט ק מ ט ם ע ש ס א ה
ת ף ר ר ה י ל ט י א י צ ר מ
ס ע ג ד כ ן י מ ר ש ב ו י נ
ה ש ו ם פ ס ז ן צ נ מ נ ע פ
ג נ א ב ש ד ר ג מ נ ם ב ב פ
ח ה ה ש ל ו ב ו י י ט נ א ם
צ ן ם פ ה ט ן ה ס מ ת ל ר ע

ברזיל
קנדה
מצרים
פינלנד
גרמניה
עיראק
ישראל
איטליה
לטביה
לוב

מרוקו
ניקרגואה
נורווגיה
פנמה
פולין
רומניה
סנגל
ספרד
ונצואלה
וייטנאם

82 - Adjectives #1

א	ם	ג	ן	ס	מ	צ	ח	נ	כ	כ	י	ק	ר
מ	פ	מ	ף	ו	א	ה	ש	ב	ח	ס	ב	ל	צ
ה	ה	ז	ד	מ	ע	א	ט	ר	ק	ט	י	ב	י
ש	ל	ר	ב	ב	צ	ח	ם	א	ט	ד	א	מ	נ
ר	נ	ש	כ	ם	ש	ת	נ	ח	מ	ש	ק	ל	י
י	ר	א	ר	ו	מ	ט	י	נ	צ	ס	ז	ם	ה
ת	ז	פ	ב	כ	ם	ל	ע	ר	מ	ר	ו	ד	ד
ו	ה	ת	י	ע	א	ח	נ	ח	ס	כ	ט	פ	ה
נ	ף	נ	ד	ד	ס	ו	ח	ש	נ	ע	י	ג	א
מ	ט	י	נ	ר	ט	מ	ג	ו	ל	י	ע	ו	מ
א	ר	ת	ס	ח	כ	ב	ת	ך	ג	ג	ע	ע	ס
ל	ס	ח	ן	ף	נ	ע	י	ע	כ	ג	ף	ה	ה
ר	א	צ	ג	ף	ה	פ	פ	ש	פ	ה	ת	ש	ש
ש	ה	ב	כ	נ	ה	ג	ם	מ	ן	י	ט	י	א

כבד
מועיל
כנה
זהה
חשוב
מודרני
רציני
איטי
רזה
יקר

מוחלט
שאפתנית
ארומטי
אמנותי
אטרקטיבי
יפה
חשוך
אקזוטי
נדיב
שמח

83 - Rainforest

ם	כ	ב	ף	ף	ף	ה	ן	ש	ג	ס	ג	ג	ף
צ	ח	ו	ב	ה	י	ש	ר	ד	ו	ת	ע	י	ן
ט	פ	ט	ד	מ	י	נ	י	ם	נ	א	ג	ו	י
ע	נ	נ	י	ם	ד	ת	מ	י	ג	ף	פ	ו	ו
ת	ט	י	ל	י	ל	ע	מ	ק	ל	ט	ד	ן	נ
ש	ד	ל	י	ל	ג	כ	ח	ר	ת	ע	ב	ט	ק
ר	ו	ן	י	ק	ר	ו	ז	ח	ש	ר	נ	ם	י
כ	ח	ל	ח	א	ו	ם	י	ר	ו	פ	י	צ	ם
כ	י	ר	ן	א	מ	ס	ם	ל	ה	ל	י	ה	ק
ח	י	ד	כ	ג	י	ט	צ	ח	ם	ת	כ	א	ס
ב	ם	ב	ד	נ	ש	כ	ח	ה	ף	ג	צ	צ	ש
נ	ו	ח	ה	ר	ח	ם	צ	ע	ן	צ	ה	ם	ן
ד	ם	נ	פ	ם	ת	פ	כ	ס	ב	א	ת	פ	מ
ט	ב	צ	ן	ט	ן	ב	ף	ל	נ	צ	כ	ם	ט

יונקים
טחב
טבע
שימור
מקלט
כבוד
שחזור
מינים
הישרדות
יקר

דו-חיים
ציפורים
בוטני
אקלים
עננים
קהילה
גיוון
יליד
חרקים
ג'ונגל

84 - Landscapes

מ	ם	צ	ר	ה	ה	ט	ש	ג	ם	ף	ק	ו	צ
ב	א	ן	מ	ה	ע	ה	מ	ם	ש	ל	ר	ש	א
נ	כ	ף	נ	ן	ת	ד	ע	נ	ע	ה	ח	ד	ד
ר	נ	צ	פ	כ	ב	פ	ר	א	ה	מ	ו	ל	נ
כ	נ	כ	פ	י	כ	ה	ה	ו	צ	ר	ן	ר	ע
ה	ס	י	ז	א	ו	א	ע	ק	י	ז	ב	ב	ש
ם	מ	ש	ם	ה	ש	ס	ה	י	ב	י	ת	ד	ע
ג	ב	ע	ה	י	ה	ט	ח	י	ד	י	ה	ב	מ
א	ה	ג	ף	צ	ה	ר	ד	נ	ע	ג	ב	ן	ש
ב	מ	ר	כ	ח	מ	ן	נ	ו	א	נ	מ	ט	ת
ף	פ	ה	ף	כ	ש	ן	פ	ס	נ	ת	א	י	ע
ן	ל	ב	צ	ר	ח	ב	צ	ש	ש	ע	מ	ק	ד
צ	ג	ת	ם	א	ח	ו	ף	פ	ל	פ	צ	ש	ב
ב	צ	ט	ו	נ	ד	ר	ה	ח	ש	ח	ד	ב	ג

חוף
מערה
צוק
מדבר
גייזר
גבעה
קרחון
אי
אגם
הר

אואזיס
אוקיינוס
חצי האי
נהר
ים
ביצה
טונדרה
עמק
הר געש
מפל

85 - Plants

ה	פ	ת	א	ש	ד	ע	ָ	.	ל	י	ם	ד	ב
ם	ר	ק	י	ס	ו	ס	ס	ן	ם	ע	ב	ח	ט
ם	י	ב	ר	ס	ל	ו	ד	ג	ל	ר	א	ף	ס
ב	ח	ו	ב	ד	פ	ט	ט	ד	ף	א	ם	ד	ש
ר	ה	ט	ד	נ	ג	ק	ג	ד	ר	ף	ף	ף	ט
צ	י	נ	נ	ב	א	ק	ב	ל	צ	ת	ס	ד	ף
ר	י	י	ד	ל	א	פ	ג	פ	כ	ת	ר	ע	ל
ר	ח	ק	מ	ח	ר	ש	ל	כ	ן	ם	א	ר	ח
ד	מ	ה	צ	ח	א	ב	ת	נ	ת	ט	פ	ש	ג
נ	צ	ע	מ	ק	ח	ו	ן	ס	י	צ	ב	ח	ש
ן	ד	ב	ש	ו	ר	ש	ש	צ	ע	ה	ט	פ	ץ
ג	ה	ר	ל	ב	ד	ת	ר	ת	ו	כ	י	ל	ע
ף	ת	ן	ם	מ	ל	ג	ן	ט	ע	ן	ח	ש	ר
ג	ע	ג	ל	ב	ן	צ	ש	ה	ש	ף	ן	ף	נ

יער
גן
דשא
לגדול
קיסוס
טחב
עלי כותרת
שורש
עץ
צמחייה

במבוק
שעועית
ברי
פריחה
בוטניקה
בוש
קקטוס
דשן
פרח
עָלים

86 - Boxing

פ	ס	ב	כ	ל	ל	ט	א	ת	ל	נ	מ	ה	צ
ב	ע	ט	ע	נ	ג	נ	ת	ו	ע	י	צ	פ	כ
ב	ע	מ	ג	ת	ת	ד	ו	מ	ו	ת	ש	ם	ו
י	ע	ת	ו	ד	ו	ק	נ	ע	ר	ס	א	ד	ח
ר	פ	י	צ	ן	פ	ו	מ	מ	ל	נ	פ	ט	ם
י	ם	צ	ט	מ	פ	מ	ו	ט	א	ט	נ	ל	ש
ג	ס	צ	פ	ה	כ	ד	י	ש	ג	ר	ן	ו	ד
ם	ב	ם	פ	נ	ש	ע	מ	צ	ו	ן	מ	ח	א
ט	ח	נ	ה	י	ח	ר	ב	ר	ף	ת	מ	ם	ש
ש	ו	פ	ט	פ	ז	ל	מ	ב	פ	ס	כ	י	צ
א	ג	ר	ו	ף	ו	פ	א	ף	ג	ק	צ	ל	פ
ט	ס	ט	כ	ת	ר	נ	א	ף	ן	צ	ף	ב	ש
ט	ף	ט	פ	מ	ב	ב	ם	צ	ף	א	כ	ח	ש
ט	א	צ	פ	ח	ס	ה	ר	ה	פ	ט	א	ס	מ

פעמון
גוף
סנטר
פינה
מרפק
מותש
לוחם
אגרוף
מוקד
כפפות

פציעות
בעיטה
יריב
נקודות
שחזור
שופט
חבלים
מיומנות
כוח

87 - Countries #2

א	ס	ר	ר	צ	ש	ס	ג	ב	ן	ש	ת	א	ד
ו	נ	ג	ף	ה	ג	מ	ס	ף	צ	ת	א	נ	ם
ק	ה	א	י	ט	י	ו	ו	ן	ה	ש	מ	ש	ב
ר	ן	א	ס	י	ד	ר	ש	ה	ת	ר	ח	ש	ם
א	ב	פ	ק	ן	מ	ק	ס	י	ק	ו	ג	א	ל
י	ב	ה	ה	ן	נ	ב	ו	ר	ן	ו	נ	ב	ל
נ	ג	ד	ח	מ	י	ד	א	ב	ח	ף	כ	א	נ
ה	ג	מ	ר	ף	ג	ש	ל	י	כ	פ	ל	ל	פ
ח	ר	ע	ה	ם	ר	מ	ף	ל	פ	ן	ם	ב	א
ר	ו	ס	י	ה	י	ל	פ	ס	ד	ע	כ	ג	ל
א	פ	ו	נ	ע	ה	ה	ד	נ	ג	ו	א	ה	ל
ר	ט	ר	ב	י	ע	פ	ה	י	ל	מ	ו	ס	ד
ם	ח	י	ל	פ	ק	י	ס	ט	ן	ג	ס	ש	ן
ת	ן	ה	א	ן	ט	ח	ה	י	פ	ו	י	ת	א

אלבניה
דנמרק
אתיופיה
יוון
האיטי
ג'מייקה
יפן
לאוס
לבנון
ליבריה
מקסיקו
נפאל
ניגריה
פקיסטן
רוסיה
סומליה
סודן
סוריה
אוגנדה
אוקראינה

88 - Adjectives #2

ט	ח	כ	ה	פ	מ	מ	צ	צ	ר	כ	ח	ת	ט
צ	ב	ז	ף	ר	ע	פ	ם	צ	ע	מ	ח	ד	ש
ט	ט	ע	ק	ו	נ	ו	מ	כ	ב	ח	ג	ל	מ
ל	נ	ה	י	ד	י	ר	ל	ט	ף	ו	א	פ	ל
ס	ן	ן	ט	ו	י	ס	ב	ב	ר	נ	ה	כ	ע
צ	ס	י	נ	ק	ן	ם	צ	ד	ד	ן	צ	צ	ס
מ	ח	נ	ת	ט	א	ל	ג	נ	ט	י	ה	א	ת
ש	ם	ו	ו	י	א	ר	ח	א	ח	כ	ל	ח	ר
ב	כ	נ	א	ב	ע	ה	ח	ס	מ	ל	ו	ח	ט
י	ר	ש	ר	י	י	צ	י	ר	ת	י	ן	א	ע
ס	ע	י	ג	ג	ם	ת	י	א	ו	ר	י	ב	ג
ח	ח	ש	א	ח	ג	פ	ר	א	י	א	כ	ס	ל
ד	ם	ד	ב	מ	ל	נ	ט	נ	פ	פ	פ	ה	נ
ף	ן	מ	ע	ר	צ	ג	ד	ע	ל	כ	ן	ג	צ

אותנטי
יצירתי
תיאורי
יבש
אלגנטי
מפורסם
מחונן
בריא
חם
רעב

מעניין
טבעי
חדש
פרודוקטיבי
גאה
אחראי
מלוח
ישנוני
חזק
פראי

89 - Psychology

ה	ת	נ	ה	ג	ו	ת	ן	נ	ג	ה	ח	ב	צ
ט	ס	מ	ק	ו	ג	נ	י	צ	י	ה	ו	ע	ל
ף	נ	י	ח	ף	ת	ט	נ	ב	א	ב	ו	י	א
ל	ף	ע	פ	א	ח	ל	י	ח	ף	ד	י	ה	מ
צ	ף	ח	ף	ת	ו	ר	ל	ס	ט	א	ו	ת	ו
י	ש	ד	ה	ד	ש	א	ק	מ	ח	ל	ת	ע	ד
ה	ל	ע	ף	כ	ה	כ	ם	ם	ם	ב	ו	ח	ע
ת	ת	ד	ח	ל	ו	מ	ו	ת	ם	ח	ב	ף	ת
ן	ו	נ	ו	ה	ע	ר	כ	ה	ן	כ	ש	ה	א
מ	א	צ	ג	ת	ר	ג	ש	ו	ת	ס	ח	ע	י
א	י	מ	א	ש	ה	ש	פ	ע	ו	ת	מ	ט	ש
מ	צ	ה	ע	ל	ו	פ	י	ט	ר	ח	ט	ה	י
ג	מ	ע	ש	פ	פ	ת	ו	נ	ו	י	ע	ר	ו
ג	ג	ף	נ	א	מ	ח	ן	ד	ש	ר	ם	צ	ת

רעיונות
השפעות
תפיסה
אישיות
בעיה
מציאות
תחושה
טיפול
מחשבות
לא מודע

הערכה
התנהגות
ילדות
קליני
קוגניציה
התנגשות
חלומות
אגו
רגשות
חוויות

90 - Math

ג	מ	ל	ט	ג	ח	מ	ג	כ	מ	ק	ב	י	ל
ש	א	ת	ה	י	ק	ף	ר	ך	י	ר	ע	מ	ה
ל	ת	ו	י	ו	ו	ז	צ	נ	ש	כ	ת	ף	ש
ו	מ	ל	מ	ד	ח	ד	ן	ש	כ	ט	ר	ר	ן
ש	ן	ע	ע	ט	מ	ק	ב	י	ל	י	ת	צ	ח
מ	ב	מ	ש	ד	ר	פ	צ	ח	מ	ק	ו	ט	ר
ש	ל	ר	ר	פ	ף	י	ח	ש	ב	ו	ן	ס	צ
ו	מ	ע	ו	פ	ף	כ	ה	י	ר	ט	מ	י	ס
ו	ד	נ	נ	ש	ט	ס	פ	מ	צ	ס	נ	ן	ף
א	ט	ש	י	ה	ן	ג	ה	ש	צ	ד	ן	ג	ד
ה	מ	ע	ש	מ	ע	ח	ן	ל	ד	ח	ע	ת	ר
ס	כ	ו	ם	י	ר	פ	ס	מ	ס	ף	כ	ם	ח
ט	ם	ן	ע	ח	ה	נ	ה	ד	ת	ד	ח	ה	ת
ף	ט	ב	פ	ש	ט	א	ף	מ	צ	ו	ל	ע	ט

מקביל
מקבילית
היקף
מצולע
מלבן
כיכר
סכום
סימטריה
משולש
נפח

זוויות
חשבון
עשרוני
מעלות
קוטר
משוואה
מעריך
שבר
גאומטריה
מספרים

91 - Activities

ר	ח	ה	ה	ר	פ	י	ה	ח	ע	ע	ס	ש	פ
ם	פ	ד	ש	ע	ש	ג	א	ם	ף	נ	ס	צ	ג
י	ח	ש	ה	ק	מ	פ	י	נ	ג	ר	א	צ	ר
ק	א	ם	א	י	נ	ט	ר	ס	י	ם	נ	ע	א
ח	ר	ח	ם	ן	ה	פ	ק	ק	ד	ס	ל	ל	ם
ש	ט	ת	ס	ג	י	נ	ו	ן	י	ק	נ	ל	ל
מ	ל	א	כ	ת	י	ד	ד	ע	צ	ע	מ	פ	ס
ת	ע	ד	ב	ף	כ	ח	ה	ן	ם	א	ב	ס	ר
ו	צ	י	ל	ו	ם	י	ל	ו	י	ט	ר	ח	י
נ	ס	ס	פ	ע	י	ל	ו	ת	ח	צ	ל	מ	ג
מ	מ	ש	צ	מ	ש	ד	ע	מ	ב	ת	ב	ר	ה
ו	ה	ם	ט	ש	ל	נ	ת	ו	נ	מ	א	מ	פ
י	א	נ	פ	ח	ו	פ	ד	א	ח	מ	ע	ף	ג
מ	ת	ת	ש	ג	ת	ח	ף	ד	ה	ר	י	פ	ת

אינטרסים
סריגה
פנאי
קסם
צילום
תענוג
קריאה
הרפיה
תפירה
מיומנות

פעילות
אמנות
קמפינג
מלאכת יד
ריקוד
דיג
משחקים
גינון
טיולים
ציד

92 - Business

נ	ש	ד	נ	נ	ט	ע	ע	ן	ל	מ	ג	ע	ד
ב	צ	פ	ס	ת	א	ע	ל	ע	פ	מ	כ	כ	ה
ט	ע	ר	ח	כ	ו	כ	ן	ו	מ	י	מ	ם	ש
מ	ף	ת	ו	ט	ה	נ	ח	ה	ת	ן	ן	א	ק
ד	ט	ד	ר	ש	מ	ד	ח	ל	ע	ו	ב	ד	ע
ס	ח	ף	ה	כ	ה	ף	ק	כ	ן	ם	ב	ף	ה
ה	ש	צ	ר	ע	ס	מ	ר	ל	ה	נ	מ	ס	ר
ג	ש	פ	ב	ע	נ	ף	י	כ	ע	ב	ט	מ	י
כ	מ	מ	ח	ע	כ	ן	י	מ	ד	י	ד	ע	כ
ל	ש	ג	כ	ש	ה	ח	ר	ס	ף	צ	ת	ס	מ
ג	ל	צ	ל	כ	ן	ע	ה	י	ת	ק	ר	י	ע
ב	צ	ת	ן	ג	א	ל	ם	ם	ר	ת	פ	ק	ש
ג	ט	ס	ה	א	ש	ל	ש	כ	ט	ב	ס	ס	ב
ן	כ	כ	כ	ג	א	פ	ס	ף	ט	ן	ה	ר	נ

מימון
הכנסה
השקעה
מנהל
סחורה
כסף
משרד
מכירה
חנות
מסים

תקציב
קריירה
חברה
עלות
מטבע
הנחה
כלכלה
עובד
מעסיק
מפעְל

93 - The Company

ע	ן	ר	ל	ם	י	נ	ו	כ	י	ס	ס	ן	ש
ח	ח	צ	א	ב	צ	ג	נ	ן	מ	ג	ש	כ	ם
ד	ת	ו	ב	ן	י	ף	ט	ה	נ	ף	כ	מ	צ
ם	ת	מ	ן	ם	ר	ח	ש	ג	נ	צ	ר	ו	ח
ה	ע	ק	ש	ה	ת	ג	צ	מ	ע	ט	ף	נ	ד
צ	ס	מ	א	א	י	נ	א	ם	ר	א	ר	י	ש
ף	ו	ע	פ	ם	ב	י	ח	י	ד	ו	ת	ט	נ
ם	ק	ש	ש	מ	ח	י	ע	ו	צ	ק	מ	י	י
מ	ה	מ	ר	א	ל	ף	ם	ן	ש	ט	ט	ן	ה
ב	ג	ס	ו	ע	ט	ס	ם	ב	א	ר	ת	מ	ט
ן	ם	מ	ת	ו	ס	נ	כ	ה	ם	ב	ו	ם	ל
נ	נ	ת	ו	מ	ד	ק	ת	ה	ה	ב	כ	ב	ח
פ	ן	פ	ע	ת	ל	ה	י	ת	ע	ש	י	י	ה
ף	ל	ט	ן	ל	ע	ר	ע	ם	א	ג	א	ש	ב

עסקים
יצירתי
החלטה
תעסוקה
תעשייה
חדשני
השקעה
אפשרות
מצגת
מוצר

מקצועי
התקדמות
איכות
מוניטין
משאבים
הכנסות
סיכונים
מגמות
יחידות
שכר

94 - Literature

ד	ה	ט	ו	ד	ק	נ	א	ף	ז	ר	ע	נ	ע
ק	י	ה	כ	ע	ר	כ	ת	נ	ו	ש	א	ת	א
ר	ג	א	ס	ם	א	ם	ב	ע	ר	ו	א	י	ת
י	ו	ו	ל	ע	פ	ט	א	ף	ח	ב	צ	ק	ס
י	ל	ו	ף	ו	ט	ו	פ	ם	ג	ד	כ	ע	י
ן	נ	ש	נ	ף	ג	ל	א	ר	מ	י	ר	ה	כ
מ	א	ה	ר	ב	מ	א	ח	ט	ה	ו	פ	צ	ו
ו	ס	מ	ס	א	ל	ח	ו	ת	י	נ	ן	ם	ם
ר	כ	ג	נ	ף	ה	ה	ם	ע	פ	י	ע	מ	ת
ב	נ	פ	נ	ש	ת	ט	ש	ה	ר	ו	פ	ט	מ
ח	כ	ע	ע	ו	ח	ה	י	ד	ג	ר	ט	ר	ע
מ	ר	פ	ס	ח	ן	ת	ר	א	ו	ל	ן	ס	ש
ש	ש	ט	ש	ף	פ	ם	ב	ד	י	נ	ג	ל	ן
ב	ה	ע	צ	ע	ם	ט	ר	כ	ב	ה	ח	ל	נ

אנלוגיה
ניתוח
אנקדוטה
מחבר
ביוגרפיה
השוואה
סיכום
תיאור
דיאלוג
בדיוני

מטפורה
קריין
רומן
שיר
פואטי
חרוז
קצב
סגנון
ערכת נושא
טרגדיה

95 - Geography

ב	מ	א	ח	א	ש	ס	ס	ר	ת	ג	ף	ף	ט
ח	ר	ה	ל	ז	נ	צ	ח	כ	א	נ	ם	ד	ע
ו	י	ע	צ	ו	ר	ע	ה	ח	מ	ם	נ	ג	פ
ר	ד	ד	מ	ר	ש	ד	ר	ר	מ	נ	ף	ס	צ
ו	י	צ	כ	י	כ	ב	פ	כ	ש	כ	א	ש	ה
ק	א	א	ח	ע	ס	ע	ש	ג	ד	כ	נ	ע	ל
א	ן	פ	ם	ף	מ	כ	ד	ת	ש	ב	י	ו	ם
מ	א	ג	ג	ת	ג	צ	ר	ם	ט	מ	ר	ל	ס
פ	ס	ו	נ	י	י	ק	ו	א	ח	ל	ה	ם	ל
ה	ח	ת	ה	י	צ	ן	ם	ש	ב	ן	א	ט	ע
ח	ט	ן	ר	ם	ן	ר	צ	ט	צ	כ	ן	כ	ט
ה	מ	י	ס	פ	ר	ה	ל	פ	מ	ל	ה	ל	צ
ת	צ	נ	מ	ד	י	נ	ה	ב	ו	ג	ה	ה	ע
ל	כ	א	ט	ל	ס	ג	ת	ב	ה	ן	ג	ט	נ

גובה
אטלס
עיר
יבשת
מדינה
המיספרה
אי
קו רוחב
מפה
מרידיאן

הר
צפון
אוקיינוס
אזור
נהר
ים
דרום
שטח
מערב
עולם

96 - Pets

ם	ס	ר	ד	כ	א	פ	ע	ל	ב	ח	צ	ת	ן
ב	ל	ו	ת	ח	ר	ל	ז	כ	א	מ	ע	ג	ל
צ	ו	ו	א	ר	ו	ן	ט	פ	ו	ח	מ	נ	ן
ש	ת	ע	ם	ב	נ	ר	א	ו	ט	ס	צ	ג	כ
ל	ל	פ	י	כ	ו	ת	ש	ת	ר	ב	כ	ד	ג
ר	ת	ם	מ	ע	ס	ל	ש	ף	י	ט	ח	ד	ל
ס	ח	ת	ן	ס	נ	ם	פ	ט	נ	ב	נ	ל	נ
ר	צ	ו	ע	ה	ט	צ	ף	מ	ר	ע	ר	ג	פ
ם	ב	א	ח	ל	ד	מ	ת	כ	ט	א	צ	ד	ן
כ	ל	ב	ל	ב	ש	ב	ם	ב	ל	כ	ו	ת	ף
ז	פ	צ	ל	נ	ח	ח	ר	מ	ע	ט	ב	ג	פ
ת	נ	ר	ס	ה	ר	כ	ה	ז	צ	ב	א	ף	ר
ן	ל	ב	פ	ר	ה	ן	ן	ו	א	צ	נ	ה	ת
ה	ד	ד	ת	ת	ע	ע	ע	ן	ר	כ	ב	א	נ

לטאה
עכבר
תוכי
כפות
כלבלב
ארנב
זנב
צב
וטרינר
מים

חתול
צווארון
פרה
כלב
דג
מזון
עז
אוגר
חתלתול
רצועה

97 - Jazz

מ	ה	נ	ן	צ	א	ר	ר	כ	מ	כ	נ	ת	ס
פ	ר	ס	צ	ל	ת	ה	ה	י	ף	ט	ח	ה	ע
ו	כ	ס	ת	ד	ר	ר	ב	ש	א	ת	ד	ש	ף
ר	ב	ו	ג	ק	ו	נ	צ	ר	ט	מ	ש	ח	ל
ס	ר	ש	ג	ד	מ	א	מ	ו	ע	ד	פ	י	ם
ם	י	ן	ש	י	ז	ז	ח	ן	ם	י	פ	ו	ת
מ	ש	א	א	ב	ת	ש	י	א	צ	ח	פ	כ	ח
ו	ס	מ	א	ה	ם	ח	ח	ג	ן	נ	ט	צ	ן
ז	ג	ן	מ	א	ל	ב	ו	ם	ה	ח	מ	נ	ס
י	נ	ד	ח	מ	ע	ד	ת	ם	ע	ח	ם	נ	ה
ק	ו	מ	ק	ה	ט	מ	ה	ס	צ	ב	ת	ת	ר
ה	ן	צ	ח	ס	א	ר	א	ן	נ	ה	נ	נ	מ
נ	ב	ן	ל	ת	מ	ם	ע	ה	ג	ס	מ	ה	ה
ה	ק	י	נ	כ	ט	ש	ה	ט	ר	פ	כ	מ	ב

אלתור
מוזיקה
חדש
ישן
תזמורת
קצב
שיר
סגנון
כישרון
טכניקה

אלבום
אמן
מלחין
הרכב
קונצרט
תופים
דגש
מפורסם
מועדפים
ז'אנר

98 - Nature

נ	א	ר	ש	א	צ	ר	ב	ע	ם	מ	צ	ר	ה
ד	א	פ	א	ף	ת	כ	ר	צ	ש	ל	ן	א	י
ע	ד	ד	ד	ר	ש	ב	ה	ד	ל	ה	ס	ה	ע
ט	פ	ן	ע	ב	ק	נ	ה	ר	ו	צ	ר	ג	ר
ק	ר	ח	ו	ן	ו	ט	מ	ה	ו	ו	א	ף	ב
ח	כ	ג	ט	ל	ה	ר	י	ף	ה	ק	ם	ט	ד
ע	ר	פ	ל	ח	ק	ר	י	פ	ו	י	ה	א	מ
ד	י	נ	מ	י	י	ג	ש	ם	ת	ם	ה	נ	צ
ר	א	ת	ש	ג	ח	ו	ם	א	כ	פ	ן	ה	נ
ב	ר	ט	ל	מ	ש	ת	ת	מ	ק	ל	ט	ט	ה
ח	פ	ט	י	ט	ד	נ	ן	כ	ף	ן	ן	ר	ע
א	ף	א	ו	ה	ש	ם	ל	כ	צ	נ	ת	ו	נ
מ	פ	ג	ע	ם	ם	ט	ח	י	ו	נ	י	פ	ף
ל	נ	ע	נ	נ	י	ם	י	ל			ע	י	פ

חיות
ארקטי
יופי
דבורים
צוקים
עננים
מדבר
דינמי
שחיקה
ערפל

עָלִים
יער
קרחון
שליו
נהר
מקלט
שלווה
טרופי
חיוני
פראי

99 - Vacation #2

פ	ל	נ	מ	ף	ע	ה	מ	ד	ח	ף	ה	פ	מ
נ	ת	פ	צ	ה	ף	ת	כ	נ	ח	ג	ר	ז	ע
א	מ	ם	ה	ר	ו	ב	ח	ת	ה	ז	י	ו	מ
י	ג	מ	פ	ע	ח	כ	ם	פ	ט	ע	ם	ה	צ
ד	ר	כ	ו	ן	צ	ר	כ	מ	מ	ס	ע	ד	ה
ם	צ	ש	ע	ס	מ	מ	נ	ת	ל	ט	פ	ף	ש
ר	ן	ר	ת	א	ל	ף	מ	ן	ה	ו	ל	ת	ה
ת	ה	פ	ה	י	ט	ח	ב	מ	ו	ד	ן	י	ם
ף	ג	ג	ד	ט	ן	ל	ם	ג	א	פ	צ	נ	נ
ף	א	נ	ש	מ	ן	ח	ף	כ	ם	ד	ע	ו	ש
ג	ג	ה	ק	מ	פ	י	נ	ג	ם	ל	ם	מ	פ
י	ב	ג	ע	ח	ט	ם	ח	ט	ש	ש	ם	צ	ף
ר	ע	כ	ל	ב	ס	ת	נ	ת	ם	ה	כ	ף	ב
ם	פ	ד	כ	ג	ה	ש	ח	ף	ב	ף	ב	צ	כ

מפה
הרים
דרכון
מסעדה
ים
מונית
אוהל
רכבת
תחבורה
ויזה

שדה תעופה
חוף
קמפינג
יעד
זר
חג
מלון
אי
מסע
פנאי

100 - Electricity

נ	ע	ל	מ	א	ר	ג	מ	ת	ש	ר	ת	ם	פ
נ	א	ר	ד	ת	ל	ן	ו	פ	ל	ט	ת	ן	א
א	ב	צ	ב	ג	נ	ל	ד	ה	י	ב	ו	י	ח
מ	פ	ת	י	א	ל	מ	ש	ח	ל	ר	מ	נ	ח
ף	ס	ל	ל	ו	ח	מ	מ	צ	י	ן	כ	ד	ש
פ	ת	צ	ת	צ	ד	ט	ג	מ	נ	ו	ר	ה	ק
ג	ט	כ	ש	ד	ח	ע	פ	נ	ס	ס	ז	י	ע
ע	ה	צ	ב	ן	ש	ר	ן	צ	ט	ח	י	ז	ע
ב	ב	ע	ת	ל	מ	פ	ג	ן	ח	א	י	י	כ
כ	ג	ג	ד	ן	ל	ג	ש	ט	ה	ל	ל	ו	ס
ע	כ	ף	ר	ם	י	ט	ו	ח	ב	ס	ת	ו	ף
א	ו	ב	י	י	ק	ט	י	ם	ג	ג	ס	ל	צ
מ	ד	א	ף	כ	ל	מ	ן	ף	צ	א	ד	ט	ת
ל	ע	ן	ם	ג	ר	ל	מ	ף	נ	מ	ס	ן	ף

רשת
אובייקטים
חיובי
כמות
שקע
אחסון
טלפון
טלוויזיה
חוטים

סוללה
כבל
חשמלי
חשמלאי
ציוד
מחולל
מנורה
לייזר
מגנט
שלילי

1 - Antiques
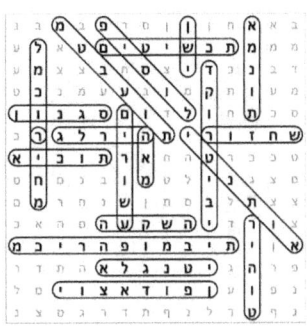

2 - Food #1
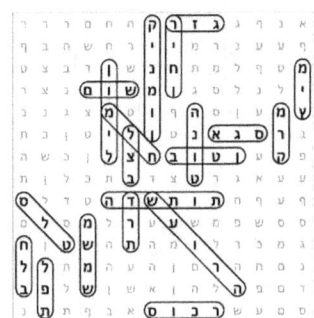

3 - Measurements
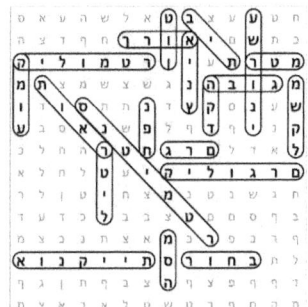

4 - Farm #2
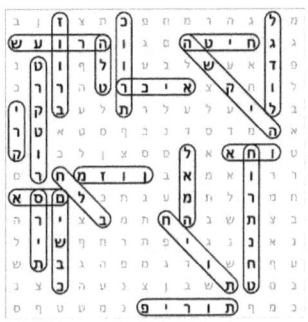

5 - Books
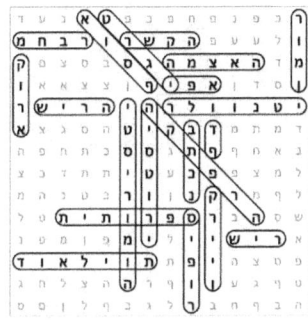

6 - Meditation
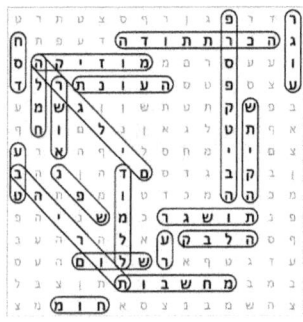

7 - Days and Months
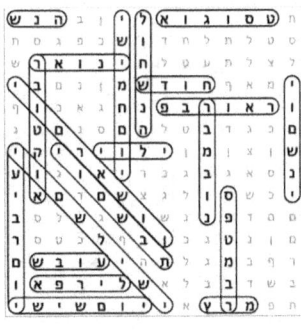

8 - Energy
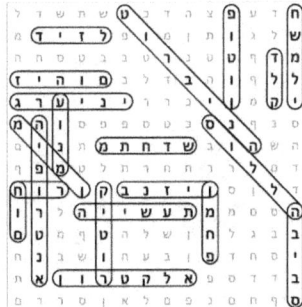

9 - Chess
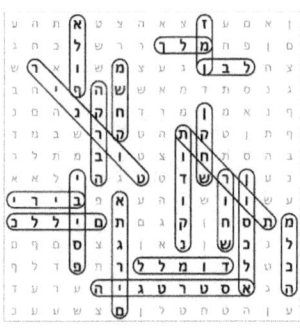

10 - Archeology
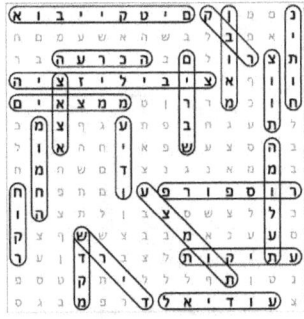

11 - Food #2
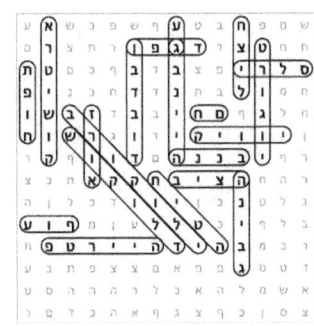

12 - Chemistry
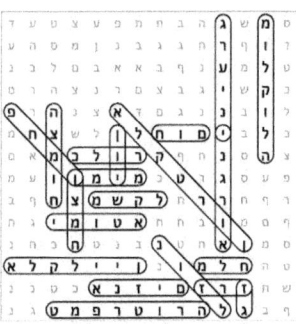

13 - Music

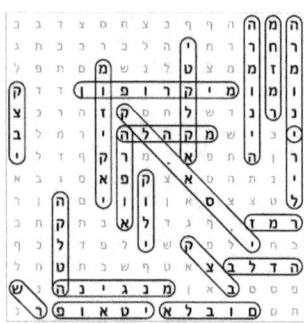

14 - Family

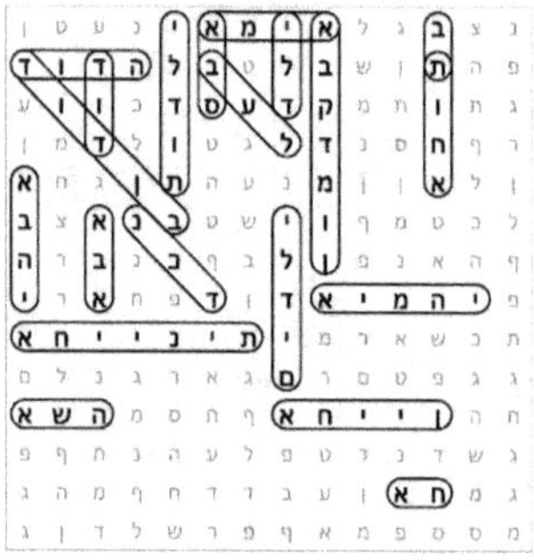

15 - Farm #1

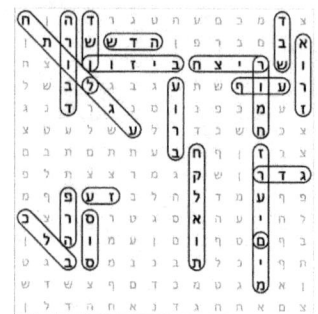

16 - Camping

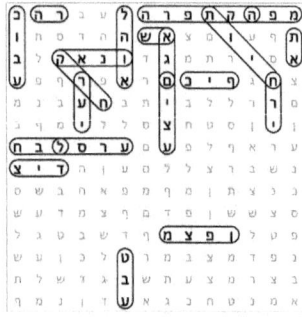

17 - Algebra

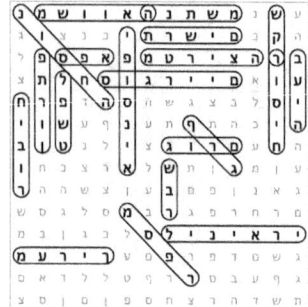

18 - Numbers

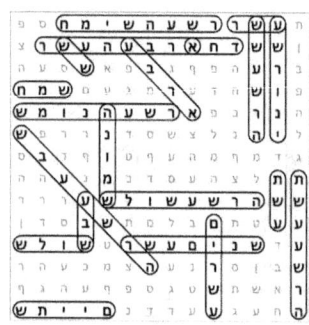

19 - Spices

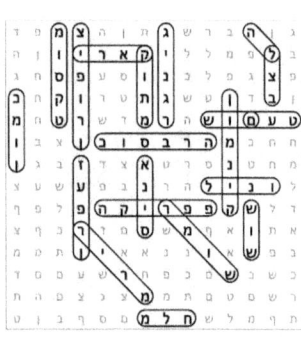

20 - Universe

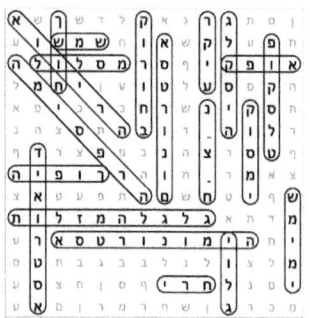

21 - Mammals

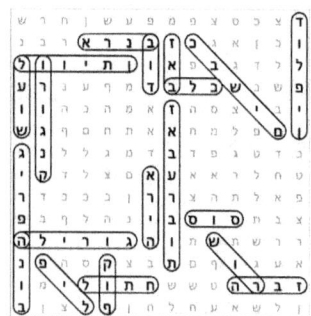

22 - Fishing

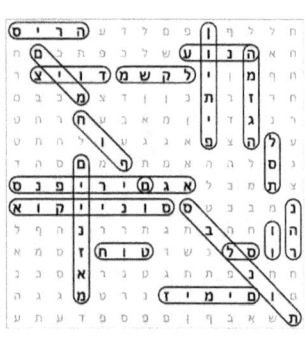

23 - Restaurant #1

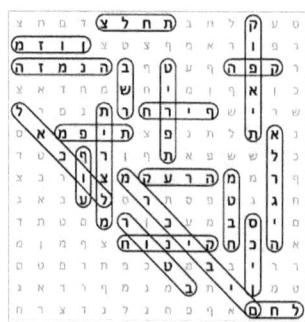

24 - Bees

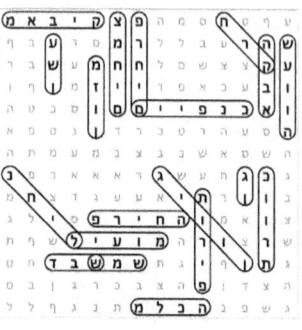

25 - Weather

26 - Adventure

27 - Sport

28 - Restaurant #2

29 - Geology

30 - House

31 - Physics

32 - Scientific Disciplines

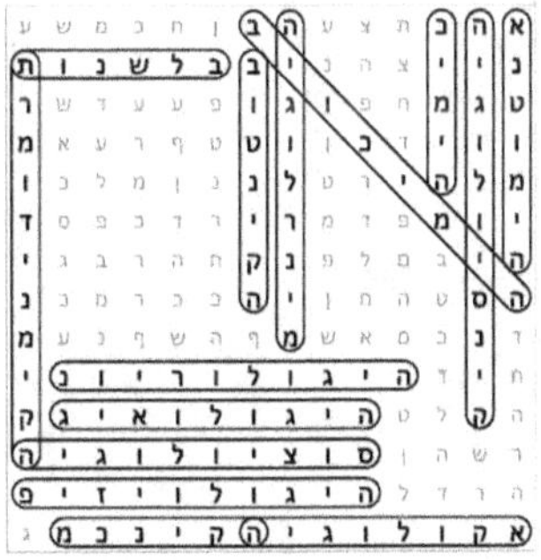

33 - Beauty

34 - Clothes

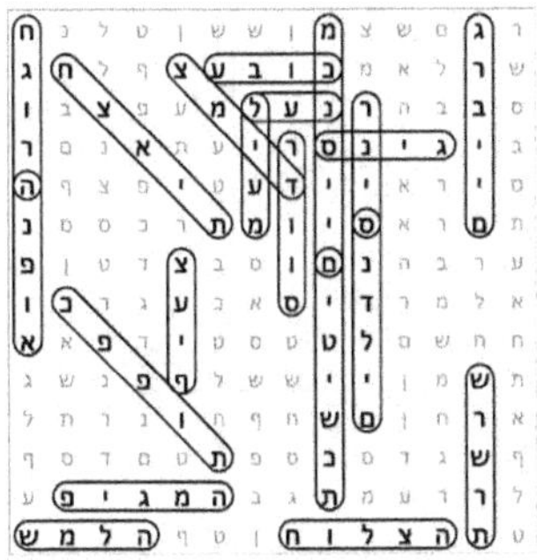

35 - Ethics

36 - Insects

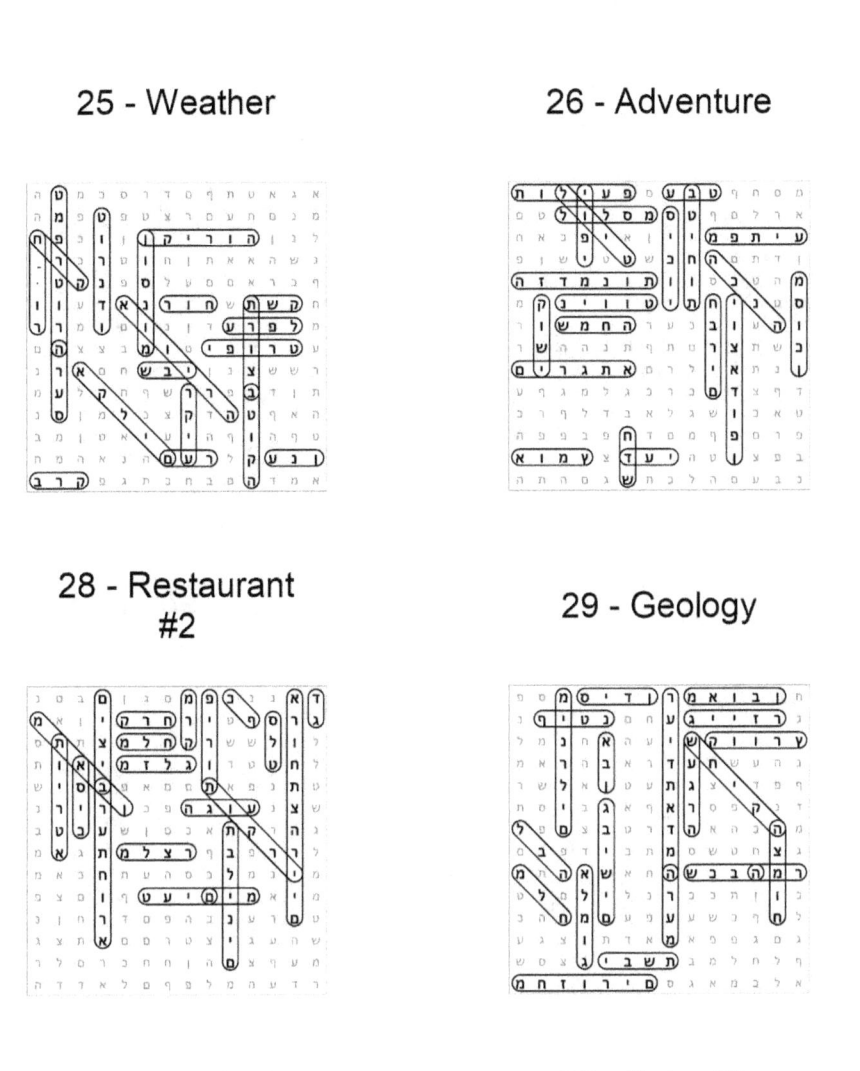
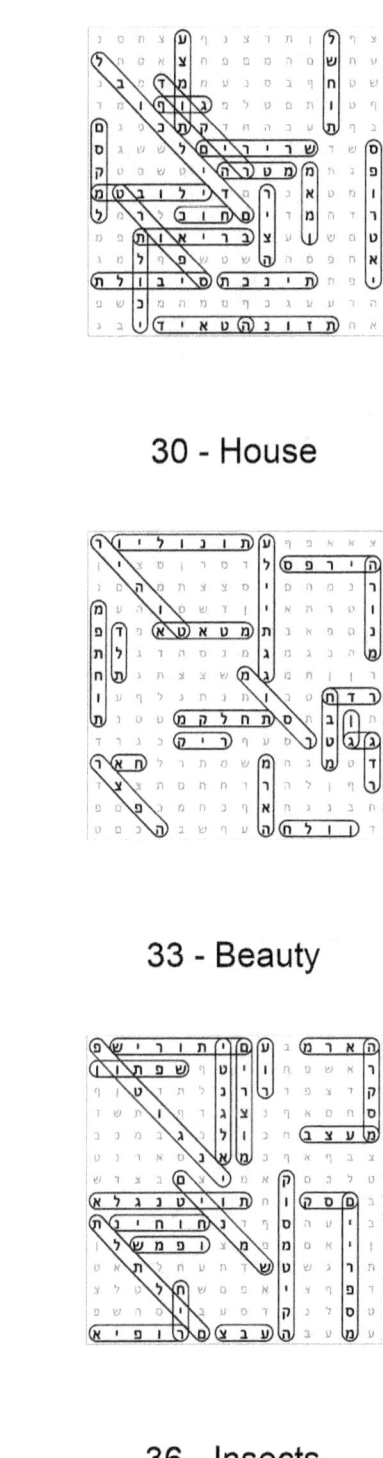
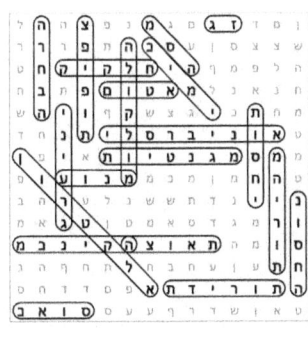

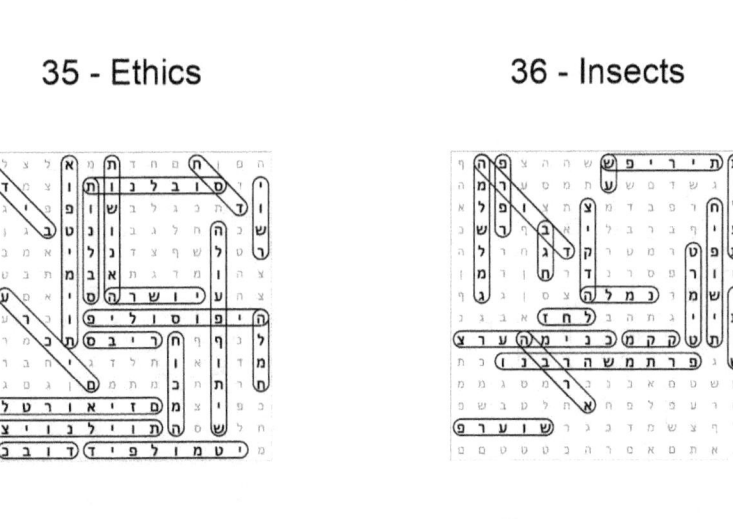

37 - Astronomy

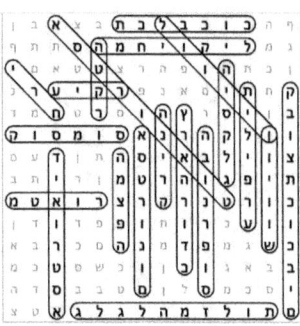

38 - Health and Wellness #2

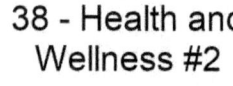

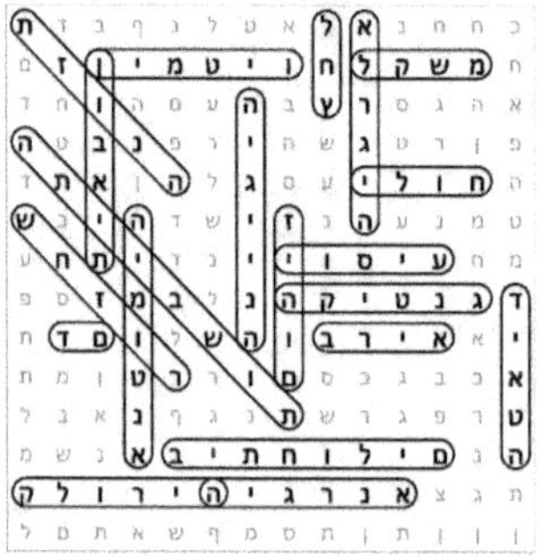

39 - Time

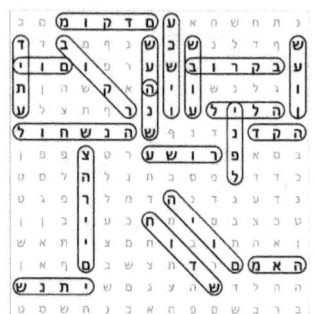

40 - Buildings

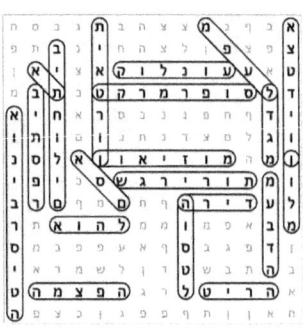

41 - Gardening

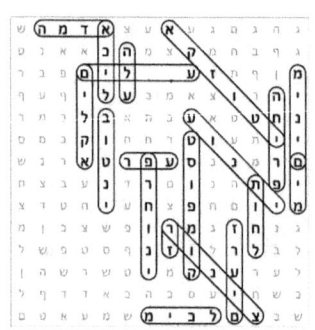

42 - Herbalism

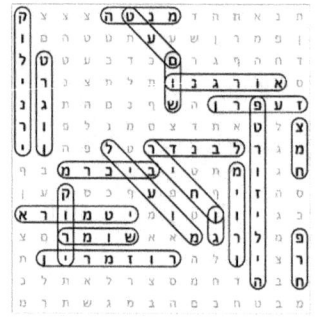

43 - Vehicles

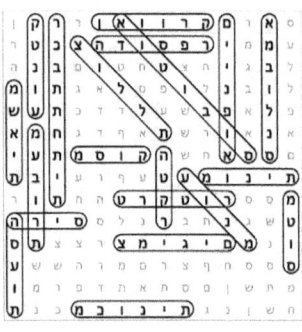

44 - Flowers

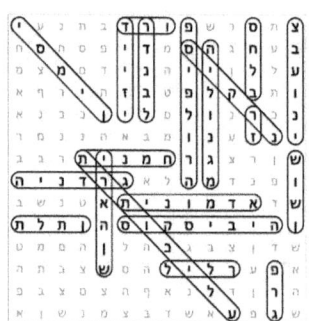

45 - Health and Wellness #1

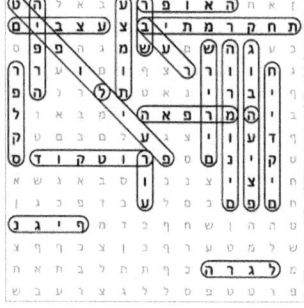

46 - Town

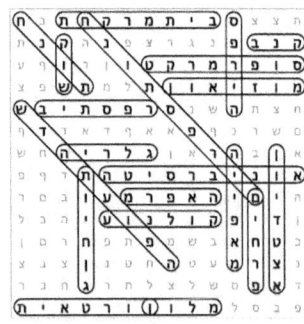

47 - Antarctica

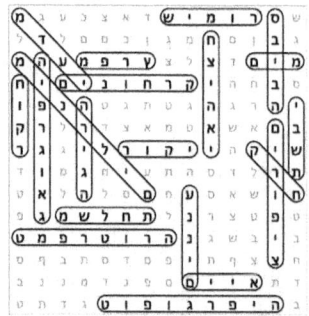

48 - Ballet

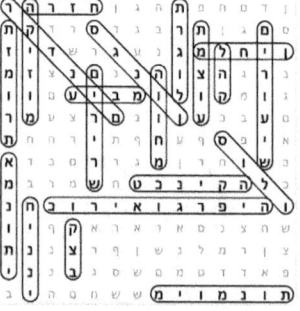

49 - Fashion
50 - Human Body
51 - Musical Instruments

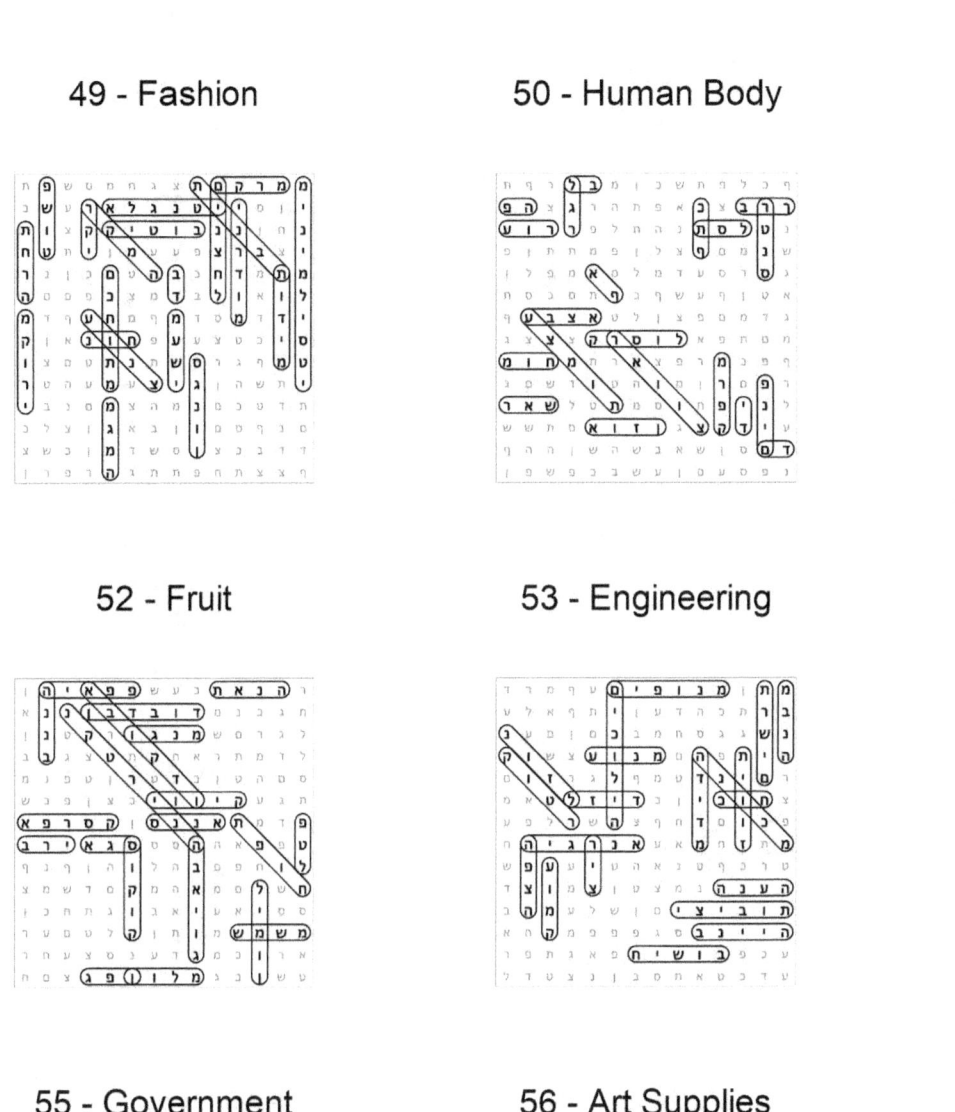
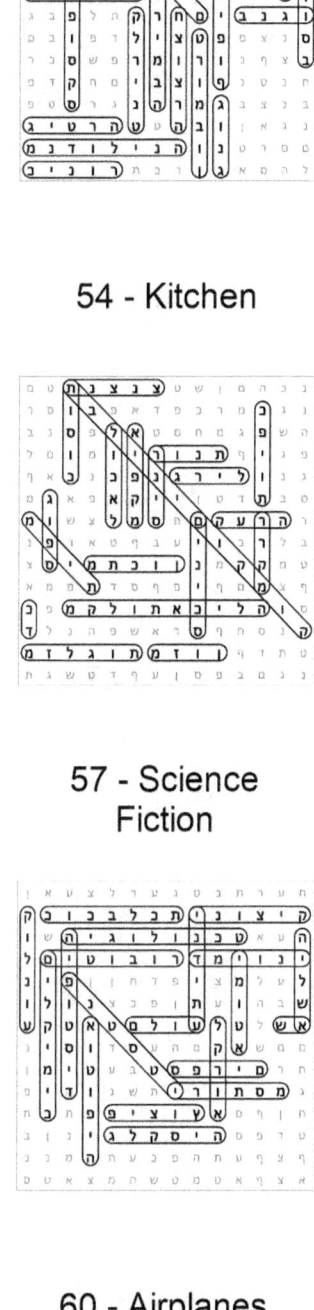

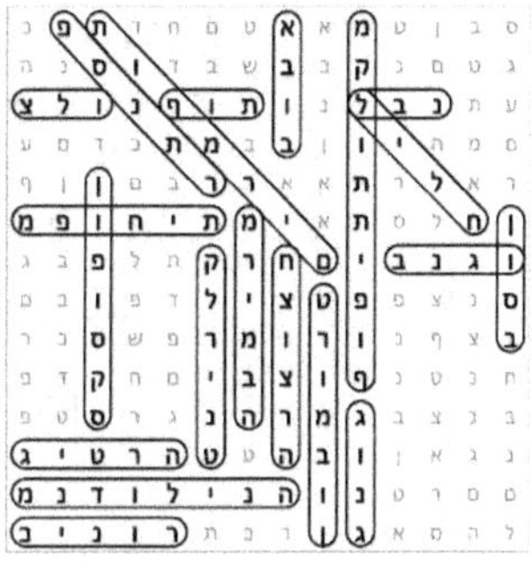

52 - Fruit
53 - Engineering
54 - Kitchen

55 - Government
56 - Art Supplies
57 - Science Fiction

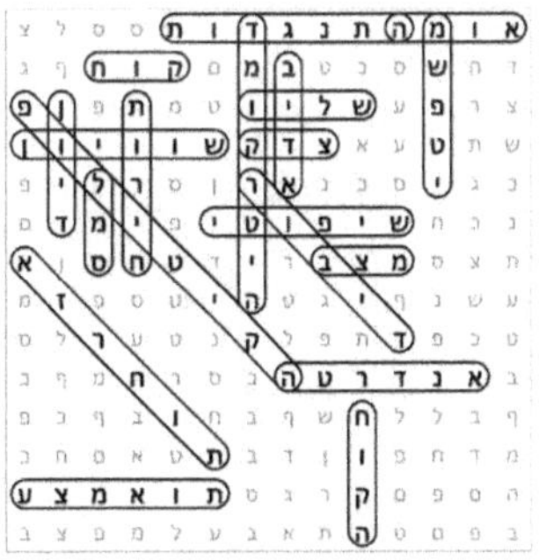

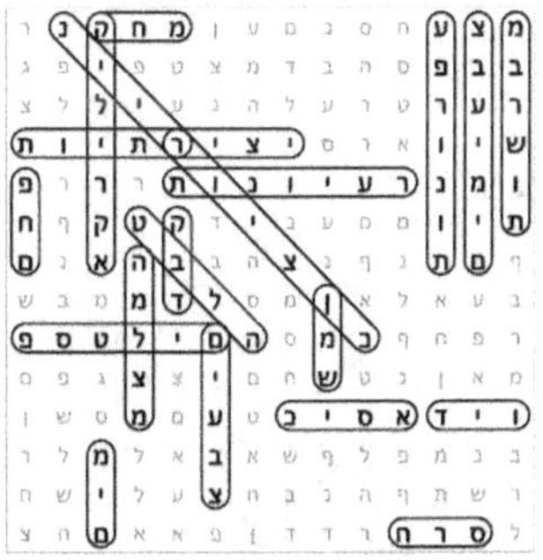

58 - Geometry
59 - Creativity
60 - Airplanes

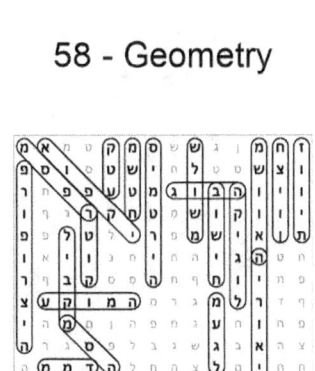
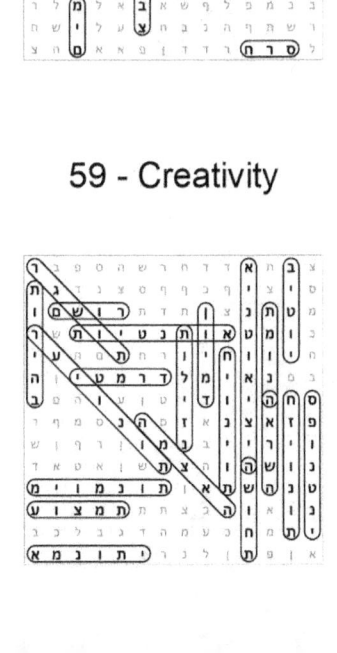
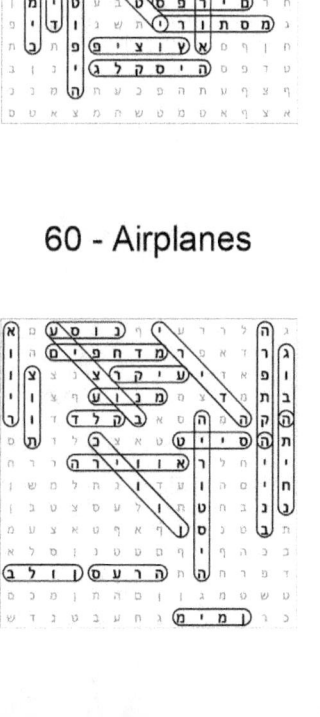

61 - Ocean

62 - Force and Gravity

63 - Birds

64 - Nutrition

65 - Hiking

66 - Professions #1

67 - Barbecues

68 - Chocolate

69 - Vegetables

70 - The Media

71 - Boats

72 - Activities and Leisure

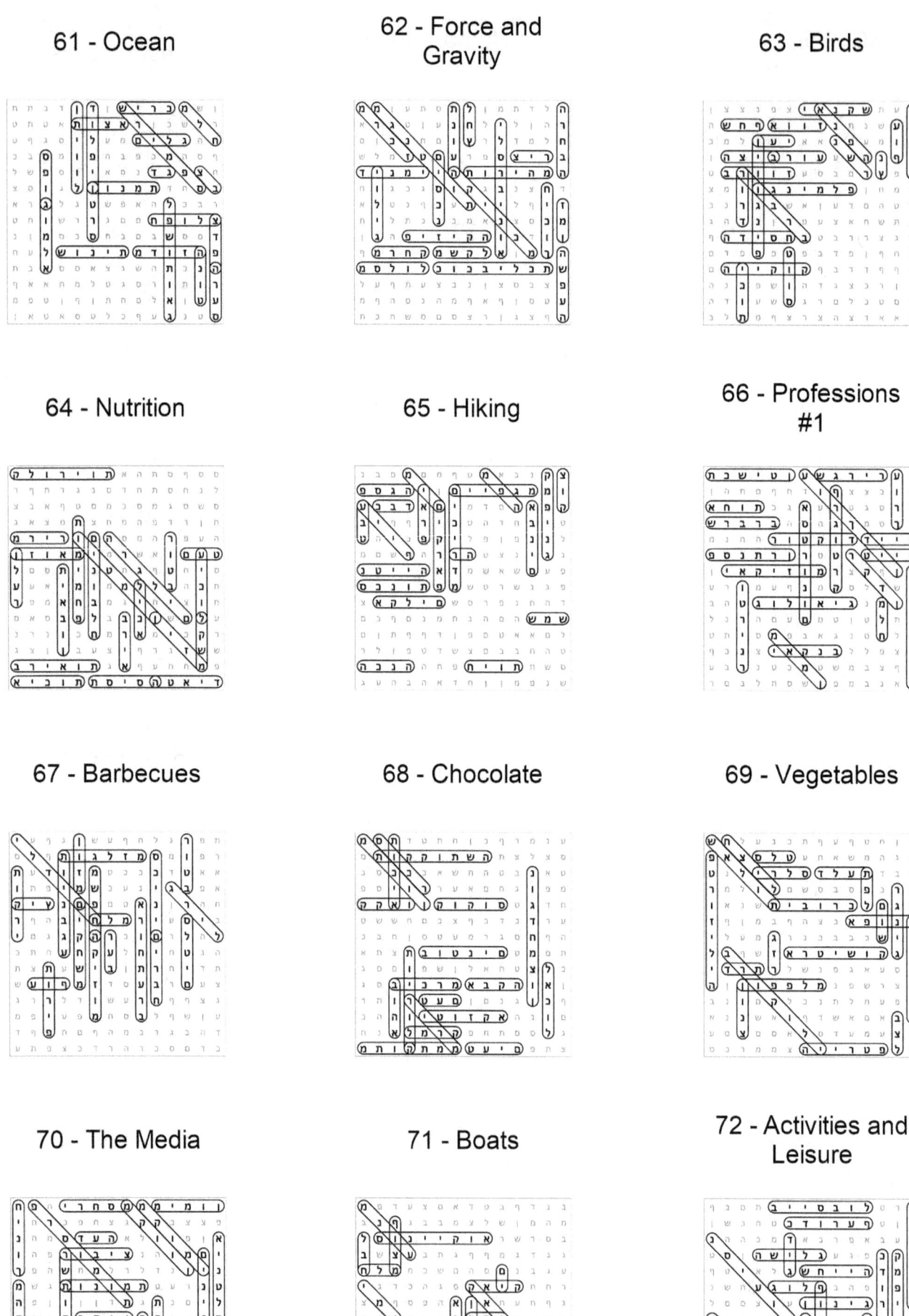

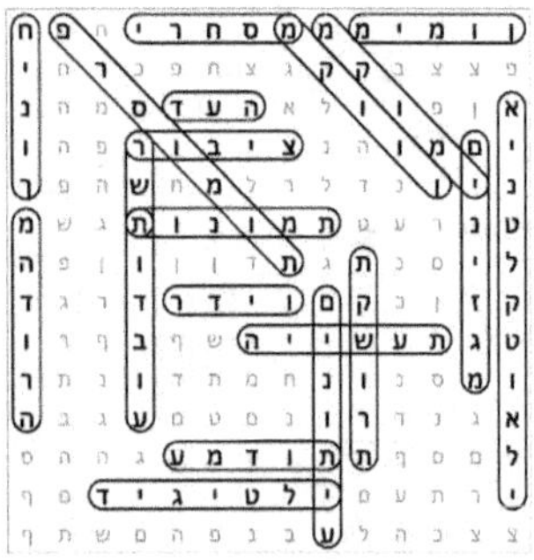

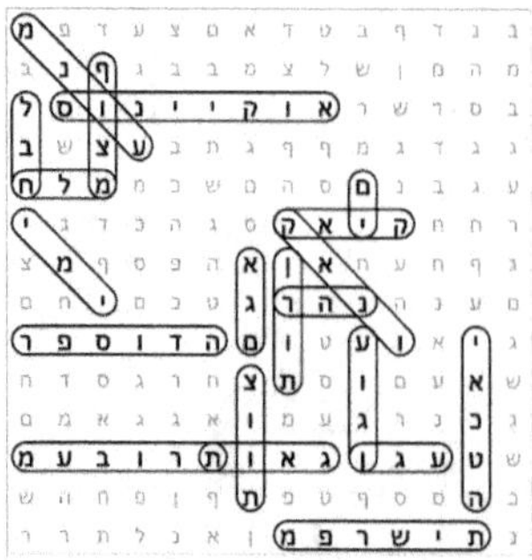

73 - Driving

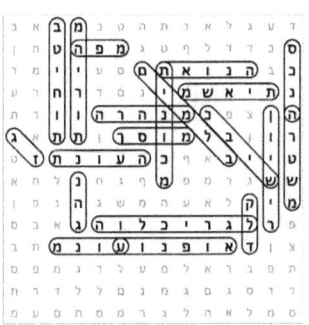

74 - Professions #2

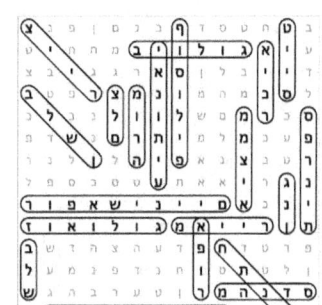

75 - Emotions

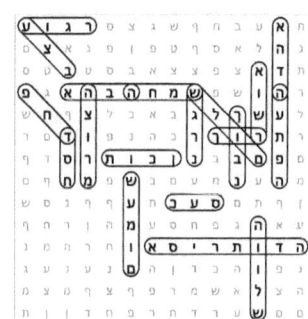

76 - Mythology

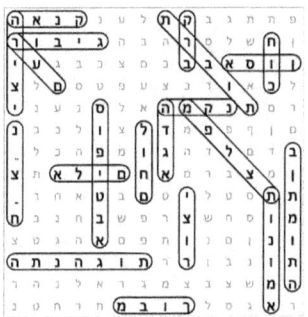

77 - Hair Types

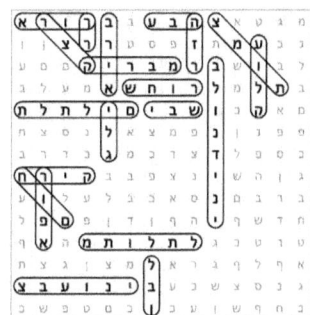

78 - Garden

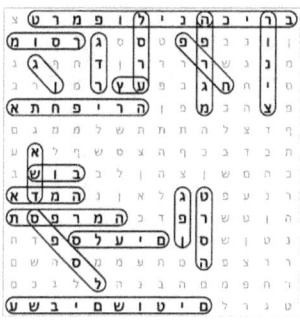

79 - Diplomacy

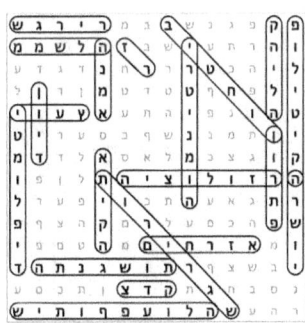

80 - Beach

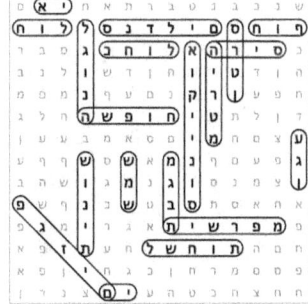

81 - Countries #1

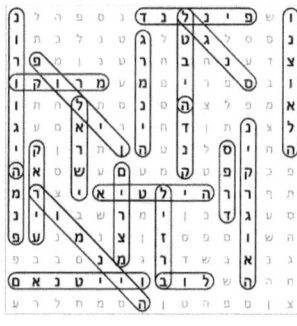

82 - Adjectives #1

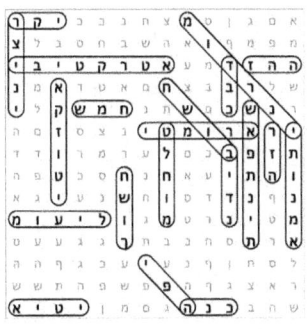

83 - Rainforest

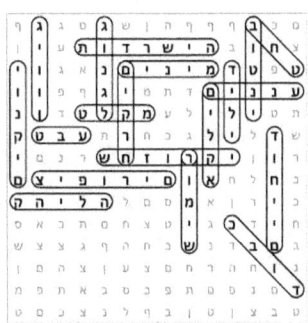

84 - Landscapes

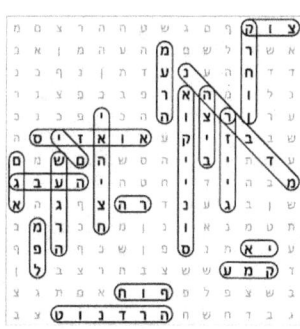

85 - Plants

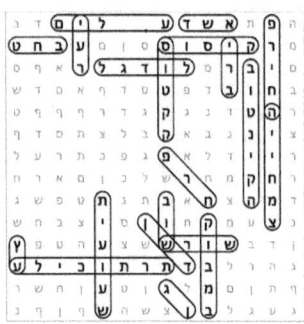

86 - Boxing

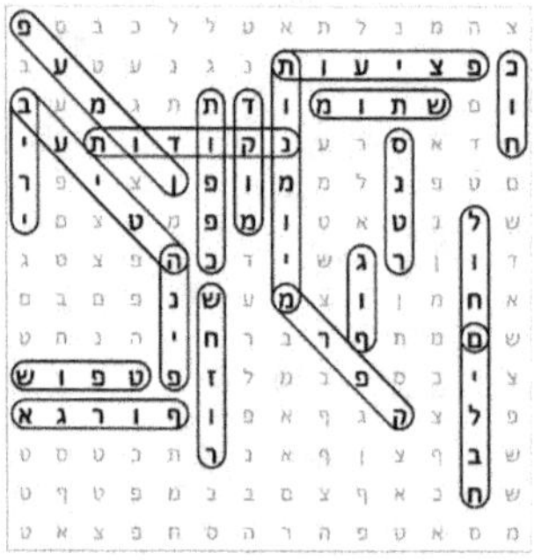

87 - Countries #2

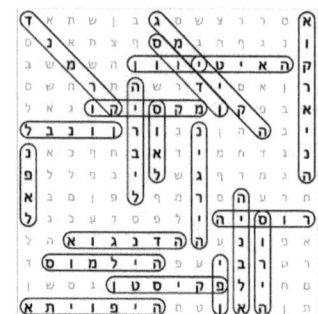

88 - Adjectives #2

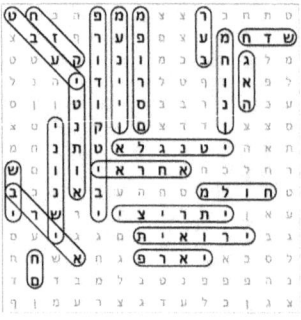

89 - Psychology

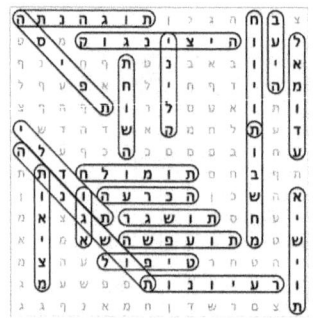

90 - Math

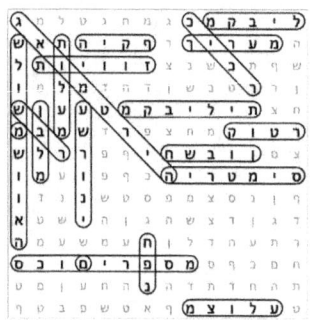

91 - Activities

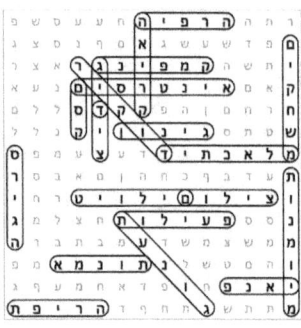

92 - Business

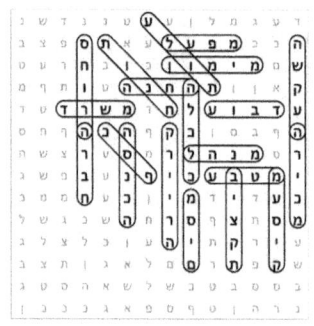

93 - The Company

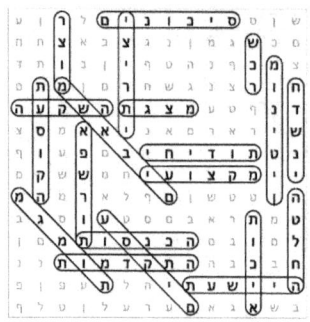

94 - Literature

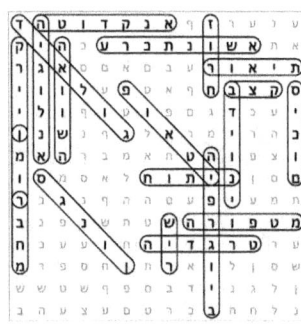

95 - Geography

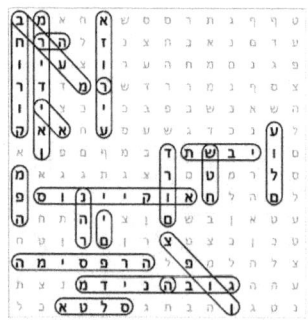

96 - Pets

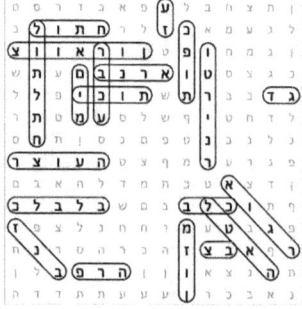

97 - Jazz

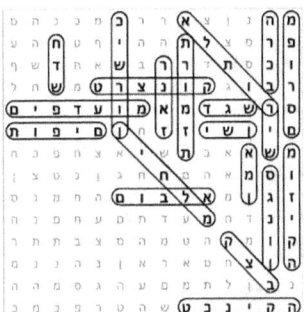

98 - Nature

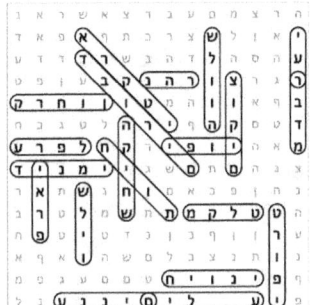

99 - Vacation #2

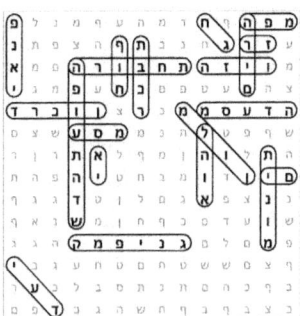

100 - Electricity

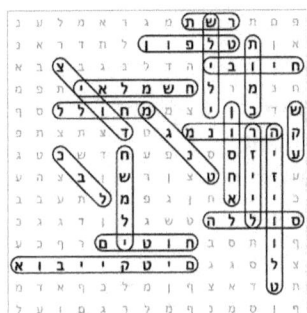

Dictionary

Activities
פעילות

Activity	פעילות
Art	אמנות
Camping	קמפינג
Crafts	מלאכת יד
Dancing	ריקוד
Fishing	דיג
Games	משחקים
Gardening	גינון
Hiking	טיולים
Hunting	ציד
Interests	אינטרסים
Knitting	סריגה
Leisure	פנאי
Magic	קסם
Photography	צילום
Pleasure	תענוג
Reading	קריאה
Relaxation	הרפיה
Sewing	תפירה
Skill	מיומנות

Activities and Leisure
פעילויות ופנאי

Art	אמנות
Baseball	בייסבול
Basketball	כדורסל
Boxing	איגרוף
Camping	קמפינג
Diving	צלילה
Fishing	דיג
Gardening	גינון
Golf	גולף
Hiking	טיולים
Hobbies	תחביבים
Painting	ציור
Racing	מירוץ
Relaxing	מרגיע
Soccer	כדורגל
Surfing	גלישה
Swimming	שחייה
Tennis	טניס
Travel	נסיעות
Volleyball	כדורעף

Adjectives #1
שמות תואר #1

Absolute	מוחלט
Ambitious	שאפתני
Aromatic	ארומטי
Artistic	אמנותי
Attractive	אטרקטיבי
Beautiful	יפה
Dark	חשוך
Exotic	אקזוטי
Generous	נדיב
Happy	שמח
Heavy	כבד
Helpful	מועיל
Honest	כנה
Identical	זהה
Important	חשוב
Modern	מודרני
Serious	רציני
Slow	איטי
Thin	רזה
Valuable	יקר

Adjectives #2
שמות תואר #2

Authentic	אותנטי
Creative	יצירתי
Descriptive	תיאורי
Dry	יבש
Elegant	אלגנטי
Famous	מפורסם
Gifted	מחונן
Healthy	בריא
Hot	חם
Hungry	רעב
Interesting	מעניין
Natural	טבעי
New	חדש
Productive	פרודוקטיבי
Proud	גאה
Responsible	אחראי
Salty	מלוח
Sleepy	ישנוני
Strong	חזק
Wild	פראי

Adventure
הרפתקה

Activity	פעילות
Beauty	יופי
Bravery	אומץ
Challenges	אתגרים
Chance	סיכוי
Dangerous	מסוכן
Destination	יעד
Difficulty	קושי
Excursion	טיול
Friends	חברים
Itinerary	מסלול
Joy	שמחה
Nature	טבע
Navigation	ניווט
New	חדש
Opportunity	הזדמנות
Preparation	הכנה
Safety	בטיחות
Surprising	מפתיע
Unusual	יוצא דופן

Airplanes
מטוסים

Adventure	הרפתקה
Air	אוויר
Atmosphere	אווירה
Balloon	בלון
Construction	בנייה
Crew	צוות
Descent	ירידה
Design	עיצוב
Direction	כיוון
Engine	מנוע
Fuel	דלק
Height	גובה
History	היסטוריה
Hydrogen	מימן
Landing	נחיתה
Passenger	נוסע
Pilot	טייס
Propellers	מדחפים
Sky	רקיע
Turbulence	סערה

Algebra
אלגברה

Addition	חיבור
Diagram	תרשים
Equation	משוואה
Exponent	מעריך
Factor	גורם
False	שקר
Formula	נוסחה
Fraction	שבר
Graph	גרף
Infinite	אינסופי
Linear	ליניארי
Matrix	מטריצה
Number	מספר
Parenthesis	סוגריים
Problem	בעיה
Simplify	לפשט
Solution	פתרון
Subtraction	חיסור
Variable	משתנה
Zero	אפס

Antarctica
אנטארקטיקה

Bay	מפרץ
Birds	ציפורים
Clouds	עננים
Conservation	שימור
Continent	יבשת
Environment	סביבה
Expedition	משלחת
Geography	גאוגרפיה
Glaciers	קרחונים
Ice	קרח
Islands	איים
Migration	הגירה
Minerals	מינרלים
Peninsula	חצי אי
Researcher	חוקר
Rocky	סלעי
Scientific	מדעי
Temperature	טמפרטורה
Topography	טופוגרפיה
Water	מים

Antiques
עתיקות

Art	אמנות
Auction	מכירה פומבית
Authentic	אותנטי
Century	מאה
Coins	מטבעות
Decades	עשורים
Decorative	דקורטיבי
Elegant	אלגנטי
Furniture	רהיטים
Gallery	גלריה
Investment	השקעה
Jewelry	תכשיטים
Old	ישן
Price	מחיר
Quality	איכות
Restoration	שחזור
Sculpture	פיסול
Style	סגנון
To Sell	למכור
Unusual	יוצא דופן

Archeology
ארכיאולוגיה

Analysis	ניתוח
Antiquity	עתיקות
Bones	עצמות
Civilization	ציביליזציה
Descendant	צאצא
Era	עידן
Evaluation	הערכה
Expert	מומחה
Findings	ממצאים
Fossil	מאובן
Fragments	שברים
Mystery	תעלומה
Objects	אובייקטים
Professor	פרופסור
Relic	שריד
Researcher	חוקר
Team	צוות
Temple	מקדש
Tomb	קבר
Unknown	לא ידוע

Art Supplies
ציוד אמנות

Acrylic	אקריליק
Brushes	מברשות
Camera	מצלמה
Chair	כיסא
Charcoal	פחם
Clay	חרס
Colors	צבעים
Creativity	יצירתיות
Easel	כן ציור
Eraser	מחק
Glue	דבק
Ideas	רעיונות
Ink	דיו
Oil	שמן
Paper	נייר
Pastels	פסטלים
Pencils	עפרונות
Table	שולחן
Water	מים
Watercolors	צבעי מים

Astronomy
אסטרונומיה

Asteroid	אסטרואיד
Astronaut	אסטרונאוט
Astronomer	אסטרונום
Constellation	קבוצת כוכבים
Cosmos	קוסמוס
Earth	כדור הארץ
Eclipse	ליקוי חמה
Equinox	שוויון
Galaxy	גלקסיה
Meteor	מטאור
Moon	ירח
Nebula	ערפילית
Observatory	מצפה
Planet	כוכב לכת
Radiation	קרינה
Rocket	רקטה
Satellite	לוויין
Sky	רקיע
Supernova	סופרנובה
Zodiac	גלגל המזלות

Ballet
בלט

Artistic	אמנותי
Audience	קהל
Choreography	כוראוגרפיה
Composer	מלחין
Dancers	רקדנים
Expressive	מביע
Gesture	מחווה
Graceful	חינני
Intensity	עוצמה
Lessons	שיעורים
Muscles	שרירים
Music	מוזיקה
Orchestra	תזמורת
Practice	תרגול
Rehearsal	חזרה
Rhythm	קצב
Skill	מיומנות
Solo	סולו
Style	סגנון
Technique	טכניקה

Barbecues
ברביקיו

Chicken	עוף
Children	ילדים
Dinner	ארוחת ערב
Family	משפחה
Food	מזון
Forks	מזלגות
Friends	חברים
Fruit	פירות
Games	משחקים
Grill	גריל
Hot	חם
Hunger	רעב
Knives	סכינים
Music	מוזיקה
Salads	סלטים
Salt	מלח
Sauce	רוטב
Summer	קיץ
Tomatoes	עגבניות
Vegetables	ירקות

Beach
חוף

Blue	כחול
Boat	סירה
Coast	חוף
Crab	סרטן
Dock	גע
Island	אי
Lagoon	לגונה
Ocean	אוקיינוס
Reef	שונית
Sailboat	מפרשית
Sand	חול
Sandals	סנדלים
Sea	ים
Shells	צדפים
Sun	שמש
To Swim	לשחות
Towel	מגבת
Umbrella	מטריה
Vacation	חופשה

Beauty
יופי

Charm	קסם
Color	צבע
Cosmetics	קוסמטיקה
Curls	תלתלים
Elegance	אלגנטיות
Elegant	אלגנטי
Fragrance	ניחוח
Lipstick	שפתון
Makeup	איפור
Mascara	מסקרה
Mirror	מראה
Oils	שמנים
Photogenic	פוטוגני
Products	מוצרים
Scent	ריח
Scissors	מספריים
Services	שירותים
Shampoo	שמפו
Skin	עור
Stylist	מעצב

Bees
דבורים

Beneficial	מועיל
Blossom	פריחה
Diversity	גיוון
Flowers	פרחים
Food	מזון
Fruit	פירות
Garden	גן
Hive	כוורת
Honey	דבש
Insect	חרק
Plants	צמחים
Pollen	אבקה
Pollinator	מאביק
Queen	מלכה
Smoke	עשן
Sun	שמש
Swarm	נחיל
Wax	שעווה
Wings	כנפיים

Birds
ציפורים

Chicken	עוף
Crow	עורב
Cuckoo	קוקיה
Duck	ברווז
Eagle	נשר
Egg	ביצה
Flamingo	פלמינגו
Goose	אווז
Gull	שחף
Hawk	נץ
Heron	אנפה
Ostrich	יען
Parrot	תוכי
Peacock	טווס
Pelican	שקנאי
Penguin	פינגווין
Sparrow	דרור
Stork	חסידה
Swan	ברבור
Toucan	טוקאן

Boats
סירות

Anchor	עוגן
Buoy	מצוף
Canoe	קאנו
Crew	צוות
Dock	גען
Engine	מנוע
Ferry	מעבורת
Kayak	קיאק
Lake	אגם
Mast	תורן
Nautical	ימי
Ocean	אוקיינוס
Raft	רפסודה
River	נהר
Rope	חבל
Sailboat	מפרשית
Sailor	מלח
Sea	ים
Tide	גאות
Yacht	יאכטה

Books
ספרים

Adventure	הרפתקה
Author	מחבר
Collection	אוסף
Context	הקשר
Duality	דואליות
Epic	אפי
Historical	היסטורי
Humorous	הומוריסטי
Inventive	המצאה
Literary	ספרותי
Narrator	קריין
Novel	רומן
Page	דף
Poem	שיר
Poetry	שירה
Reader	קורא
Relevant	רלוונטי
Story	סיפור
Tragic	טרגי
Written	כתב

Boxing
איגרוף

Bell	פעמון
Body	גוף
Chin	סנטר
Corner	פינה
Elbow	מרפק
Exhausted	מותש
Fighter	לוחם
Fist	אגרוף
Focus	מוקד
Gloves	כפפות
Injuries	פציעות
Kick	בעיטה
Opponent	יריב
Points	נקודות
Recovery	שחזור
Referee	שופט
Ropes	חבלים
Skill	מיומנות
Strength	כוח

Buildings
בניינים

Apartment	דירה
Barn	אסם
Cabin	תא
Castle	טירה
Cinema	קולנוע
Embassy	שגרירות
Factory	מפעל
Hospital	בית חולים
Hostel	הוסטל
Hotel	מלון
Laboratory	מעבדה
Museum	מוזיאון
Observatory	מצפה
School	בית ספר
Stadium	אצטדיון
Supermarket	סופרמרקט
Tent	אוהל
Theater	תיאטרון
Tower	מגדל
University	אוניברסיטה

Business
עסקים

Budget	תקציב
Career	קריירה
Company	חברה
Cost	עלות
Currency	מטבע
Discount	הנחה
Economics	כלכלה
Employee	עובד
Employer	מעסיק
Factory	מפעל
Finance	מימון
Income	הכנסה
Investment	השקעה
Manager	מנהל
Merchandise	סחורה
Money	כסף
Office	משרד
Sale	מכירה
Shop	חנות
Taxes	מסים

Camping
מחנאות

Adventure	הרפתקה
Animals	חיות
Cabin	תא
Canoe	קאנו
Compass	מצפן
Fire	אש
Forest	יער
Fun	כיף
Hammock	ערסל
Hat	כובע
Hunting	ציד
Insect	חרק
Lake	אגם
Map	מפה
Moon	ירח
Mountain	הר
Nature	טבע
Rope	חבל
Tent	אוהל
Trees	עצים

Chemistry
כימיה

Acid	חומצה
Alkaline	אלקליין
Atomic	אטומי
Carbon	פחמן
Catalyst	זרז
Chlorine	כלור
Electron	אלקטרון
Enzyme	אנזים
Gas	גז
Heat	חום
Hydrogen	מימן
Ion	יון
Liquid	נוזל
Molecule	מולקולה
Nuclear	גרעיני
Organic	אורגני
Oxygen	חמצן
Salt	מלח
Temperature	טמפרטורה
Weight	משקל

Chess
שחמט

Black	שחור
Challenges	אתגרים
Champion	אלוף
Contest	תחרות
Diagonal	אלכסון
Game	משחק
King	מלך
Opponent	יריב
Passive	פסיבי
Player	שחקן
Points	נקודות
Queen	מלכה
Rules	כללים
Sacrifice	הקרבה
Strategy	אסטרטגיה
Time	זמן
To Learn	ללמוד
Tournament	טורניר
White	לבן

Chocolate
שוקולד

Antioxidant	נוגד חמצון
Bitter	מריר
Cacao	קקאו
Calories	קלוריות
Candy	ממתק
Caramel	קרמל
Coconut	קוקוס
Craving	השתוקקות
Delicious	טעים
Exotic	אקזוטי
Favorite	אהוב
Ingredient	מרכיב
Peanuts	בוטנים
Powder	אבקה
Quality	איכות
Recipe	מתכון
Sugar	סוכר
Sweet	מתוק
Taste	טעם
To Eat	לאכול

Clothes
בגדים

Apron	סינר
Belt	חגורה
Bracelet	צמיד
Coat	מעיל
Dress	שמלה
Fashion	אופנה
Gloves	כפפות
Hat	כובע
Jeans	ג'ינס
Jewelry	תכשיטים
Necklace	שרשרת
Pajamas	פיג'מה
Pants	מכנסיים
Sandals	סנדלים
Scarf	צעיף
Shirt	חולצה
Shoe	נעל
Skirt	חצאית
Socks	גרביים
Sweater	סוודר

Countries #1
מדינות #1

Brazil	ברזיל
Canada	קנדה
Egypt	מצרים
Finland	פינלנד
Germany	גרמניה
Iraq	עיראק
Israel	ישראל
Italy	איטליה
Latvia	לטביה
Libya	לוב
Morocco	מרוקו
Nicaragua	ניקרגואה
Norway	נורווגיה
Panama	פנמה
Poland	פולין
Romania	רומניה
Senegal	סנגל
Spain	ספרד
Venezuela	ונצואלה
Vietnam	וייטנאם

Countries #2
מדינות #2

Albania	אלבניה
Denmark	דנמרק
Ethiopia	אתיופיה
Greece	יוון
Haiti	האיטי
Jamaica	ג'מייקה
Japan	יפן
Laos	לאוס
Lebanon	לבנון
Liberia	ליבריה
Mexico	מקסיקו
Nepal	נפאל
Nigeria	ניגריה
Pakistan	פקיסטן
Russia	רוסיה
Somalia	סומליה
Sudan	סודן
Syria	סוריה
Uganda	אוגנדה
Ukraine	אוקראינה

Creativity
יצירתיות

Artistic	אמנותי
Authenticity	אותנטיות
Clarity	בהירות
Dramatic	דרמטי
Emotions	רגשות
Expression	ביטוי
Fluidity	נזילות
Ideas	רעיונות
Image	תמונה
Imagination	דמיון
Impression	רושם
Inspiration	השראה
Intensity	עוצמת
Intuition	אינטואיציה
Inventive	המצאה
Sensation	תחושה
Skill	מיומנות
Spontaneous	ספונטני
Visions	חזיונות
Vitality	חיוניות

Days and Months
ימים וחודשים

April	אפריל
August	אוגוסט
Calendar	לוח שנה
February	פברואר
Friday	יום שישי
January	ינואר
July	יולי
March	מרץ
Monday	יום שני
Month	חודש
November	נובמבר
October	אוקטובר
Saturday	יום שבת
September	ספטמבר
Sunday	יום ראשון
Thursday	יום חמישי
Tuesday	יום שלישי
Wednesday	יום רביעי
Week	שבוע
Year	שנה

Diplomacy
דיפלומטיה

Adviser	יועץ
Ambassador	שגריר
Citizens	אזרחים
Community	קהילה
Conflict	התנגשות
Cooperation	שיתוף פעולה
Diplomatic	דיפלומטי
Discussion	דיון
Embassy	שגרירות
Ethics	אתיקה
Foreign	זר
Government	ממשלה
Humanitarian	הומניטרי
Integrity	יושרה
Justice	צדק
Politics	פוליטיקה
Resolution	רזולוציה
Security	ביטחון
Solution	פתרון
Treaty	אמנה

Driving
נהיגה

Accident	תאונה
Brakes	בלמים
Car	מכונית
Danger	סכנה
Driver	נהג
Fuel	דלק
Garage	מוסך
Gas	גז
License	רישיון
Map	מפה
Motor	מנוע
Motorcycle	אופנוע
Pedestrian	הולכי רגל
Police	משטרה
Road	כביש
Safety	בטיחות
Speed	מהירות
Traffic	תנועה
Truck	משאית
Tunnel	מנהרה

Electricity
חשמל

Battery	סוללה
Cable	כבל
Electric	חשמלי
Electrician	חשמלאי
Equipment	ציוד
Generator	מחולל
Lamp	מנורה
Laser	לייזר
Magnet	מגנט
Negative	שלילי
Network	רשת
Objects	אובייקטים
Positive	חיובי
Quantity	כמות
Socket	שקע
Storage	אחסון
Telephone	טלפון
Television	טלוויזיה
Wires	חוטים

Emotions
רגשות

Anger	כעס
Bliss	אושר
Boredom	שעמום
Calm	רוגע
Content	תוכן
Embarrassed	נבוך
Excited	נרגש
Fear	פחד
Grateful	אסיר תודה
Joy	שמחה
Kindness	חסד
Love	אהבה
Peace	שלום
Sadness	עצב
Satisfied	מרוצה
Surprise	הפתעה
Sympathy	אהדה
Tenderness	רוך
Tranquility	שלווה

Energy
אנרגיה

Battery	סוללה
Carbon	פחמן
Diesel	דיזל
Electric	חשמלי
Electron	אלקטרון
Entropy	אנטרופיה
Environment	סביבה
Fuel	דלק
Gasoline	בנזין
Heat	חום
Hydrogen	מימן
Industry	תעשייה
Motor	מנוע
Nuclear	גרעיני
Photon	פוטון
Pollution	זיהום
Renewable	מתחדש
Steam	קיטור
Turbine	טורבינה
Wind	רוח

Engineering
הנדסה

Angle	זווית
Axis	ציר
Calculation	חישוב
Construction	בנייה
Depth	עומק
Diagram	תרשים
Diameter	קוטר
Diesel	דיזל
Distribution	הפצה
Energy	אנרגיה
Gears	הילוכים
Levers	מנופים
Liquid	נוזל
Machine	מכונה
Measurement	מדידה
Motor	מנוע
Propulsion	הנעה
Stability	יציבות
Strength	כוח
Structure	מבנה

Ethics
אתיקה

Altruism	אלטרואיזם
Benevolent	נדיב
Compassion	חמלה
Cooperation	שיתוף פעולה
Dignity	כבוד
Diplomatic	דיפלומטי
Honesty	יושר
Humanity	האנושות
Integrity	יושרה
Kindness	חסד
Optimism	אופטימיות
Patience	סבלנות
Philosophy	פילוסופיה
Rationality	רציונליות
Realism	מעשיות
Reasonable	סביר
Tolerance	סובלנות
Values	ערכים
Wisdom	חוכמה

Family
חדר משפחתי

Ancestor	אב קדמון
Aunt	דודה
Brother	אח
Child	ילד
Childhood	ילדות
Children	ילדים
Cousin	בן דוד
Daughter	בת
Father	אבא
Grandfather	סבא
Grandson	נכד
Husband	בעל
Maternal	אימהי
Mother	אימא
Nephew	אחיין
Niece	אחיינית
Paternal	אבהי
Sister	אחות
Uncle	דוד
Wife	אשה

Farm #1
משק #1

Agriculture	חקלאות
Bee	דבורה
Bison	ביזון
Calf	עגל
Cat	חתול
Chicken	עוף
Cow	פרה
Crow	עורב
Dog	כלב
Donkey	חמור
Fence	גדר
Fertilizer	דשן
Field	שדה
Goat	עז
Hay	חציר
Honey	דבש
Horse	סוס
Rice	אורז
Seeds	זרעים
Water	מים

Farm #2
משק #2

Animals	חיות
Barley	שעורה
Barn	אסם
Beehive	כוורת
Corn	תירס
Duck	ברווז
Farmer	איכר
Food	מזון
Fruit	פירות
Irrigation	השקיה
Lamb	טלה
Llama	לאמה
Meadow	אחו
Milk	חלב
Sheep	כבשים
To Grow	לגדול
Tractor	טרקטור
Vegetable	ירק
Wheat	חיטה
Windmill	טחנת רוח

Fashion
אופנה

Boutique	בוטיק
Buttons	כפתורים
Comfortable	נוח
Elegant	אלגנטי
Embroidery	רקמה
Expensive	יקר
Fabric	בד
Lace	תחרה
Measurements	מידות
Minimalist	מינימליסטי
Modern	מודרני
Modest	צנוע
Original	מקורי
Pattern	תבנית
Practical	מעשי
Simple	פשוט
Sophisticated	מתוחכם
Style	סגנון
Texture	מרקם
Trend	מגמה

Fishing
דייג

Bait	פיתיון
Basket	סל
Beach	חוף
Boat	סירה
Equipment	ציוד
Exaggeration	הגזמה
Fins	סנפירים
Gills	זימים
Hook	וו
Jaw	לסת
Lake	אגם
Ocean	אוקיינוס
Patience	סבלנות
River	נהר
Scales	מאזניים
Season	עונה
Water	מים
Weight	משקל
Wire	חוט

Flowers
פרחים

Bouquet	זר
Clover	תלתן
Daffodil	נרקיס
Daisy	חיננית
Dandelion	שן הארי
Gardenia	גרדניה
Hibiscus	היביסקוס
Jasmine	יסמין
Lavender	לבנדר
Lilac	לילך
Lily	שושן
Magnolia	מגנוליה
Orchid	סחלב
Passionflower	פסיפלורה
Peony	אדמונית
Petal	עלי כותרת
Poppy	פרג
Rose	ורד
Sunflower	חמנית
Tulip	צבעוני

Food #1
מזון #1

Apricot	משמש
Barley	שעורה
Basil	ריחן
Carrot	גזר
Cinnamon	קינמון
Garlic	שום
Juice	מיץ
Lemon	לימון
Milk	חלב
Onion	בצל
Peanut	בוטן
Pear	אגס
Salad	סלט
Salt	מלח
Soup	מרק
Spinach	תרד
Strawberry	תות שדה
Sugar	סוכר
Tuna	טונה
Turnip	לפת

Food #2
מזון #2

Apple	תפוח
Artichoke	ארטישוק
Banana	בננה
Broccoli	ברוקולי
Celery	סלרי
Cheese	גבינה
Cherry	דובדבן
Chicken	עוף
Chocolate	שוקלד
Egg	ביצה
Eggplant	חציל
Fish	דג
Grape	ענב
Ham	חם
Kiwi	קיווי
Mushroom	פטרייה
Rice	אורז
Tomato	עגבנייה
Wheat	חיטה
Yogurt	יוגורט

Force and Gravity
כוח וכבידה

Axis	ציר
Center	מרכז
Discovery	גילוי
Distance	מרחק
Dynamic	דינמי
Expansion	הרחבה
Friction	חיכוך
Impact	השפעה
Magnetism	מגנטיות
Mechanics	מכניקה
Motion	תנועה
Orbit	מסלול
Physics	פיזיקה
Planets	כוכבי לכת
Pressure	לחץ
Properties	נכסים
Speed	מהירות
Time	זמן
Universal	אוניברסלי
Weight	משקל

Fruit
תוריפ

Apple	חופת
Apricot	שמשמ
Avocado	ודקובא
Banana	הננב
Berry	ירב
Cherry	ןבדבוד
Coconut	סוקוק
Fig	הנאת
Grape	ןפג
Guava	הבאיוג
Kiwi	יוויק
Lemon	ןומיל
Mango	וגנמ
Melon	ןולמ
Nectarine	הנירטקנ
Papaya	היאפפ
Peach	קסרפא
Pear	סגא
Pineapple	סננא
Raspberry	לטפ

Garden
ןג

Bench	לספס
Bush	שוב
Fence	רדג
Flower	חרפ
Garage	ןסומ
Garden	ןג
Grass	אשד
Hammock	לסרע
Hose	רוניצ
Pond	הכירב
Porch	תספרמה
Rake	הפרגמ
Rocks	םיעלס
Shovel	הריפח תא
Soil	המדא
Terrace	הסרט
Trampoline	הנילופמרט
Tree	ץע
Vine	ןפג
Weeds	םיטוש םיבשע

Gardening
ןוניג

Blossom	החירפ
Botanical	ינטוב
Bouquet	רז
Climate	םילקא
Compost	טסופמוק
Container	לכימ
Dirt	רפע
Edible	ליכא
Exotic	יטוזקא
Floral	ינוחרפ
Foliage	םי.ל.ע
Hose	רוניצ
Leaf	הלע
Moisture	תוחל
Seasonal	יתנוע
Seeds	םיערז
Soil	המדא
Species	םינימ
Water	םימ

Geography
היפרגואג

Altitude	הבוג
Atlas	סלטא
City	ריע
Continent	תשבי
Country	הנידמ
Hemisphere	הרפסימה
Island	יא
Latitude	בחור וק
Map	הפמ
Meridian	ןאידירמ
Mountain	רה
North	ןופצ
Ocean	סונייקוא
Region	רוזא
River	רהנ
Sea	םי
South	םורד
Territory	חטש
West	ברעמ
World	םלוע

Geology
היגולואיג

Acid	הצמוח
Calcium	ןדיס
Cavern	הרעמ
Continent	תשבי
Coral	גומלא
Crystals	םישיבג
Cycles	םירוזחמ
Earthquake	המדא תדיער
Erosion	הקיחש
Fossil	ןבואמ
Geyser	רזייג
Lava	הבל
Layer	הבכש
Minerals	םילרנימ
Plateau	המר
Quartz	ץרווק
Salt	חלמ
Stalactite	ףיטנ
Stone	ןבא
Volcano	שעג רה

Geometry
הירטמואג

Angle	תיווז
Calculation	בושיח
Circle	לגעמ
Curve	המוקע
Diameter	רטוק
Dimension	דממ
Equation	האוושמ
Height	הבוג
Horizontal	יקפוא
Logic	הקיגול
Mass	הסמ
Median	ןויצח
Number	רפסמ
Parallel	ליבקמ
Proportion	היצרופורפ
Segment	עטק
Surface	חטשמ
Symmetry	הירטמיס
Theory	הירואית
Triangle	שלושמ

Government
הממשלה

Citizenship	אזרחות
Civil	אדיב
Constitution	חוק
Democracy	דמוקרטיה
Discussion	דיון
Dissent	התנגדות
Equality	שוויון
Independence	עצמאות
Judicial	שיפוטי
Justice	צדק
Law	חוק
Legal	משפטי
Liberty	חירות
Monument	אנדרטה
Nation	אומה
Peaceful	שליו
Politics	פוליטיקה
Speech	דיבור
State	מצב
Symbol	סמל

Hair Types
סוגי שיער

Bald	קירח
Black	שחור
Blond	בלונדיני
Braided	קלוע
Braids	צמות
Brown	חום
Colored	צבעוני
Curls	תלתלים
Curly	מתולתל
Dry	יבש
Gray	אפור
Healthy	בריא
Long	ארוך
Shiny	מבריק
Short	קצר
Soft	רך
Thick	עבה
Thin	רזה
Wavy	גלי
White	לבן

Health and Wellness #1
בריאות ורווחה #1

Active	פעיל
Bacteria	חיידקים
Bones	עצמות
Clinic	מרפאה
Doctor	דוקטור
Fracture	שבר
Habit	הרגל
Height	גובה
Hormones	הורמונים
Hunger	רעב
Injury	פציעה
Medicine	רופאה
Muscles	שרירים
Nerves	עצבים
Pharmacy	בית מרקחת
Reflex	רפלקס
Relaxation	הרפיה
Skin	עור
Treatment	טיפול
Virus	נגיף

Health and Wellness #2
בריאות ורווחה #2

Allergy	אלרגיה
Anatomy	אנטומיה
Appetite	תיאבון
Blood	דם
Calorie	קלוריה
Dehydration	התייבשות
Diet	דיאטה
Disease	חולי
Energy	אנרגיה
Genetics	גנטיקה
Healthy	בריא
Hospital	בית חולים
Hygiene	היגיינה
Infection	זיהום
Massage	עיסוי
Nutrition	תזונה
Recovery	שחרור
Stress	לחץ
Vitamin	ויטמין
Weight	משקל

Herbalism
צמחי מרפא

Aromatic	ארומטי
Basil	ריחן
Beneficial	מועיל
Culinary	קולינרי
Fennel	שומר
Flavor	טעם
Flower	פרח
Garden	גן
Garlic	שום
Green	ירוק
Ingredient	מרכיב
Lavender	לבנדר
Marjoram	מיורן
Mint	מנטה
Oregano	אורגנו
Parsley	פטרוזיליה
Plant	צמח
Rosemary	רוזמרין
Saffron	זעפרן
Tarragon	טרגון

Hiking
טיולים רגליים

Animals	חיות
Boots	מגפיים
Camping	קמפינג
Cliff	צוק
Climate	אקלים
Guides	מדריכים
Hazards	סכנות
Heavy	כבד
Map	מפה
Mountain	הר
Nature	טבע
Orientation	ניתוי
Parks	פארקים
Preparation	הכנה
Stones	אבנים
Summit	פסגה
Sun	שמש
Tired	עייף
Water	מים
Wild	פראי

House
תיב

Attic	עליית גג
Broom	מטאטא
Curtains	וילונות
Door	דלת
Fence	גדר
Fireplace	אח
Floor	רצפה
Furniture	רהיט
Garage	מוסך
Garden	גן
Keys	מפתחות
Kitchen	מטבח
Lamp	מנורה
Library	ספריה
Mirror	מראה
Roof	גג
Room	חדר
Shower	מקלחת
Wall	קיר
Window	חלון

Human Body
גוף האדם

Ankle	קרסול
Blood	דם
Bones	עצמות
Brain	מוח
Chin	סנטר
Ear	אוזן
Elbow	מרפק
Face	פנים
Finger	אצבע
Hand	יד
Head	ראש
Heart	לב
Jaw	לסת
Knee	ברך
Leg	רגל
Mouth	פה
Neck	צואר
Nose	אף
Shoulder	כתף
Skin	עור

Insects
חרקים

Ant	נמלה
Aphid	כנימה
Bee	דבורה
Beetle	חיפושית
Butterfly	פרפר
Cicada	צקידה
Cockroach	מקק
Dragonfly	שפירית
Flea	פרעוש
Grasshopper	חגב
Ladybug	פרת משה רבנו
Larva	זחל
Locust	ארבה
Mantis	גמל שלמה
Mosquito	יתוש
Moth	עש
Termite	טרמיט
Wasp	צרעה
Worm	תולעת

Jazz
ג'אז

Album	אלבום
Artist	אמן
Composer	מלחין
Composition	הרכב
Concert	קונצרט
Drums	תופים
Emphasis	דגש
Famous	מפורסם
Favorites	מועדפים
Genre	ז'אנר
Improvisation	אלתור
Music	מוזיקה
New	חדש
Old	ישן
Orchestra	תזמורת
Rhythm	קצב
Song	שיר
Style	סגנון
Talent	כישרון
Technique	טכניקה

Kitchen
מטבח

Apron	סינר
Bowl	קערה
Chopsticks	מקלות אכילה
Cups	כוסות
Food	מזון
Forks	מזלגות
Freezer	מקפיא
Grill	גריל
Jar	צנצנת
Jug	כד
Kettle	קומקום
Knives	סכינים
Napkin	מפית
Oven	תנור
Recipe	מתכון
Refrigerator	מקרר
Spices	תבלינים
Sponge	ספוג
Spoons	כפות
To Eat	לאכול

Landscapes
נופים

Beach	חוף
Cave	מערה
Cliff	צוק
Desert	מדבר
Geyser	גייזר
Hill	גבעה
Iceberg	קרחון
Island	אי
Lake	אגם
Mountain	הר
Oasis	אואזיס
Ocean	אוקיינוס
Peninsula	חצי אי
River	נהר
Sea	ים
Swamp	ביצה
Tundra	טונדרה
Valley	עמק
Volcano	הר געש
Waterfall	מפל

Literature
ספרות

Analogy	אנלוגיה
Analysis	ניתוח
Anecdote	אנקדוטה
Author	מחבר
Biography	ביוגרפיה
Comparison	השוואה
Conclusion	סיכום
Description	תיאור
Dialogue	דיאלוג
Fiction	בדיוני
Metaphor	מטפורה
Narrator	קריין
Novel	רומן
Poem	שיר
Poetic	פואטי
Rhyme	חרוז
Rhythm	קצב
Style	סגנון
Theme	ערכת נושא
Tragedy	טרגדיה

Mammals
יונקים

Bear	דוב
Beaver	בונה
Bull	שור
Cat	חתול
Coyote	זאב ערבות
Dog	כלב
Dolphin	דולפין
Elephant	פיל
Fox	שועל
Giraffe	ג'יירפה
Gorilla	גורילה
Horse	סוס
Kangaroo	קנגורו
Lion	אריה
Monkey	קוף
Rabbit	ארנב
Sheep	כבשים
Whale	לוויתן
Wolf	זאב
Zebra	זברה

Math
מתמטיקה

Angles	זוויות
Arithmetic	חשבון
Decimal	עשרוני
Degrees	מעלות
Diameter	קוטר
Equation	משוואה
Exponent	מעריך
Fraction	שבר
Geometry	גאומטריה
Numbers	מספרים
Parallel	מקביל
Parallelogram	מקבילית
Perimeter	היקף
Polygon	מצולע
Rectangle	מלבן
Square	כיכר
Sum	סכום
Symmetry	סימטריה
Triangle	משולש
Volume	נפח

Measurements
מדידות

Byte	בית
Centimeter	סנטימטר
Decimal	עשרוני
Degree	תואר
Depth	עומק
Gram	גרם
Height	גובה
Inch	אינץ
Kilogram	קילוגרם
Kilometer	קילומטר
Length	אורך
Liter	ליטר
Mass	מסה
Meter	מטר
Minute	דקה
Ounce	אונקיית
Ton	טון
Volume	נפח
Weight	משקל
Width	רוחב

Meditation
מדיטציה

Acceptance	קבלה
Awake	ער
Calm	רגוע
Clarity	בהירות
Compassion	חמלה
Emotions	רגשות
Gratitude	הכרת תודה
Habits	הרגלים
Happiness	אושר
Kindness	חסד
Mental	נפש
Mind	מוח
Movement	תנועה
Music	מוזיקה
Nature	טבע
Peace	שלום
Perspective	פרספקטיבה
Silence	שתיקה
Thoughts	מחשבות
To Learn	ללמוד

Music
מוסיקה

Album	אלבום
Ballad	בלדה
Chorus	מקהלה
Classical	קלאסי
Eclectic	אקלקטי
Harmonic	הרמוני
Harmony	הרמוניה
Lyrical	לירי
Melody	מנגינה
Microphone	מיקרופון
Musical	מחזמר
Musician	מוזיקאי
Opera	אופרה
Poetic	פואטי
Recording	הקלטה
Rhythm	קצב
Rhythmic	קצבי
Sing	שר
Singer	זמר
Vocal	קולי

Musical Instruments
כלי נגינה

Banjo	בנג'ו
Bassoon	בסון
Cello	צ'לו
Clarinet	קלרינט
Drum	תוף
Drumsticks	מקלות תופים
Flute	חליל
Gong	גונג
Guitar	גיטרה
Harmonica	מפוחית
Harp	נבל
Mandolin	מנדולינה
Marimba	מרימבה
Oboe	אבוב
Piano	פסנתר
Saxophone	סקסופון
Tambourine	תוף מרים
Trombone	טרומבון
Trumpet	חצוצרה
Violin	כינור

Mythology
מיתולוגיה

Archetype	אבטיפוס
Behavior	התנהגות
Beliefs	אמונות
Creation	יצירה
Creature	יצור
Culture	תרבות
Deities	אלים
Disaster	אסון
Hero	גיבור
Immortality	נ.צ.ח
Jealousy	קנאה
Labyrinth	מבוך
Legend	אגדה
Lightning	ברק
Monster	מפלצת
Mortal	בן תמותה
Revenge	נקמה
Strength	כוח
Thunder	רעם
Warrior	לוחם

Nature
טבע

Animals	חיות
Arctic	ארקטי
Beauty	יופי
Bees	דבורים
Cliffs	צוקים
Clouds	עננים
Desert	מדבר
Dynamic	דינמי
Erosion	שחיקה
Fog	ערפל
Foliage	ע.ל.י.ם
Forest	יער
Glacier	קרחון
Peaceful	שליו
River	נהר
Sanctuary	מקלט
Serene	שלווה
Tropical	טרופי
Vital	חיוני
Wild	פראי

Numbers
מספרים

Decimal	עשרוני
Eight	שמונה
Eighteen	שמונה עשר
Fifteen	חמישה עשר
Five	חמש
Four	ארבע
Fourteen	ארבעה עשר
Nine	תשע
Nineteen	תשעה עשר
One	אחד
Seven	שבע
Seventeen	שבעה עשר
Six	שש
Sixteen	שש עשרה
Ten	עשר
Thirteen	שלוש עשרה
Three	שלוש
Twelve	שנים עשר
Twenty	עשרים
Two	שתיים

Nutrition
תזונה

Appetite	תיאבון
Balanced	מאוזן
Bitter	מריר
Calories	קלוריות
Carbohydrates	פחמימות
Diet	דיאטה
Digestion	עיכול
Edible	אכיל
Fermentation	תסיסה
Flavor	טעם
Habits	הרגלים
Health	בריאות
Healthy	בריא
Nutrient	מזין
Proteins	חלבונים
Quality	איכות
Sauce	רוטב
Toxin	רעל
Vitamin	ויטמין
Weight	משקל

Ocean
אוקיינוס

Algae	אצות
Coral	אלמוג
Crab	סרטן
Dolphin	דולפין
Eel	צלופח
Fish	דג
Jellyfish	מדוזה
Octopus	תמנון
Oyster	צדפה
Reef	שונית
Salt	מלח
Shark	כריש
Shrimp	שרימפס
Sponge	ספוג
Storm	סערה
Tides	גאות ושפל
Tuna	טונה
Turtle	צב
Waves	גלים
Whale	לוויתן

Pets
חיות מחמד

Cat	חתול
Collar	צווארון
Cow	פרה
Dog	כלב
Fish	דג
Food	מזון
Goat	עז
Hamster	אוגר
Kitten	חתלתול
Leash	רצועה
Lizard	לטאה
Mouse	עכבר
Parrot	תוכי
Paws	כפות
Puppy	כלבלב
Rabbit	ארנב
Tail	זנב
Turtle	צב
Veterinarian	וטרינר
Water	מים

Physics
פיזיקה

Acceleration	תאוצה
Atom	אטום
Chaos	כאוס
Chemical	כימי
Density	צפיפות
Electron	אלקטרון
Engine	מנוע
Expansion	הרחבה
Formula	נוסחה
Frequency	תדירות
Gas	גז
Magnetism	מגנטיות
Mass	מסה
Mechanics	מכניקה
Molecule	מולקולה
Nuclear	גרעיני
Particle	חלקיק
Relativity	יחסות
Universal	אוניברסלי
Velocity	מהירות

Plants
צמחים

Bamboo	במבוק
Bean	שעועית
Berry	ברי
Blossom	פריחה
Botany	בוטניקה
Bush	בוש
Cactus	קקטוס
Fertilizer	דשן
Flower	פרח
Foliage	ע.ל.י.ם
Forest	יער
Garden	גן
Grass	דשא
Grow	לגדול
Ivy	קיסוס
Moss	טחב
Petal	עלי כותרת
Root	שורש
Tree	עץ
Vegetation	צמחייה

Professions #1
מקצועות #1

Ambassador	שגריר
Astronomer	אסטרונום
Attorney	עורך דין
Banker	בנקאי
Cartographer	קרטוגרף
Coach	מאמן
Dancer	רקדן
Doctor	דוקטור
Editor	עורך
Geologist	גיאולוג
Hunter	צייד
Jeweler	תכשיטן
Musician	מוזיקאי
Nurse	אחות
Pianist	פסנתרן
Plumber	שרברב
Psychologist	פסיכולוג
Sailor	מלח
Tailor	חייט
Veterinarian	וטרינר

Professions #2
מקצועות #2

Astronaut	אסטרונאוט
Biologist	ביולוג
Dentist	רופא שיניים
Detective	בלש
Engineer	מהנדס
Farmer	איכר
Gardener	גנן
Illustrator	מאייר
Inventor	ממציא
Journalist	עיתונאי
Librarian	ספרנית
Linguist	בלשן
Painter	צייר
Philosopher	פילוסוף
Photographer	צלם
Physician	רופא
Pilot	טייס
Surgeon	מנתח
Teacher	מורה
Zoologist	זואולוג

Psychology
פסיכולוגיה

Assessment	הערכה
Behavior	התנהגות
Childhood	ילדות
Clinical	קליני
Cognition	קוגניציה
Conflict	התנגשות
Dreams	חלומות
Ego	אגו
Emotions	רגשות
Experiences	חוויות
Ideas	רעיונות
Influences	השפעות
Perception	תפיסה
Personality	אישיות
Problem	בעיה
Reality	מציאות
Sensation	תחושה
Therapy	טיפול
Thoughts	מחשבות
Unconscious	לא מודע

Rainforest
יערות גשם

Amphibians	דו-חיים
Birds	ציפורים
Botanical	בוטני
Climate	אקלים
Clouds	עננים
Community	קהילה
Diversity	גיוון
Indigenous	ילידי
Insects	חרקים
Jungle	ג'ונגל
Mammals	יונקים
Moss	טחב
Nature	טבע
Preservation	שימור
Refuge	מקלט
Respect	כבוד
Restoration	שחזור
Species	מינים
Survival	שרידות
Valuable	יקר

Restaurant #1
מסעדה #1

Allergy	אלרגיה
Bowl	קערה
Bread	לחם
Cashier	קופאית
Chicken	עוף
Coffee	קפה
Dessert	קינוח
Food	מזון
Ingredients	מרכיבים
Kitchen	מטבח
Knife	סכין
Meat	בשר
Menu	תפריט
Napkin	מפית
Plate	צלחת
Reservation	הזמנה
Sauce	רוטב
Spicy	חריף
To Eat	לאכול
Waitress	מלצרית

Restaurant #2
מסעדה #2

Appetizer	מתאבן
Cake	עוגה
Chair	כיסא
Delicious	טעים
Dinner	ארוחת ערב
Eggs	ביצים
Fish	דג
Fork	מזלג
Fruit	פירות
Ice	קרח
Lunch	ארוחת צהריים
Noodles	אטריות
Salad	סלט
Salt	מלח
Soup	מרק
Spices	תבלינים
Spoon	כף
Vegetables	ירקות
Waiter	מלצר
Water	מים

Science Fiction
מדע בדיוני

Atomic	אטומי
Books	ספרים
Chemicals	כימיקלים
Cinema	קולנוע
Dystopia	דיסטופיה
Explosion	פיצוץ
Extreme	קיצוני
Fantastic	פנטסטי
Fire	אש
Futuristic	עתידני
Galaxy	גלקסיה
Illusion	אשליה
Imaginary	דמיוני
Mysterious	מסתורי
Oracle	אורקל
Planet	כוכב לכת
Robots	רובוטים
Technology	טכנולוגיה
Utopia	אוטופיה
World	עולם

Scientific Disciplines
דיסציפלינות מדעיות

Anatomy	אנטומיה
Archaeology	ארכאולוגיה
Astronomy	אסטרונומיה
Biochemistry	ביוכימיה
Biology	ביולוגיה
Botany	בוטניקה
Chemistry	כימיה
Ecology	אקולוגיה
Geology	גיאולוגיה
Immunology	אימונולוגיה
Kinesiology	קינסיולוגיה
Linguistics	בלשנות
Mechanics	מכניקה
Mineralogy	מינרלוגיה
Neurology	נוירולוגיה
Physiology	פיזיולוגיה
Psychology	פסיכולוגיה
Sociology	סוציולוגיה
Thermodynamics	תרמודינמיקה
Zoology	זואולוגיה

Spices
תבלינים

Anise	אניס
Bitter	מריר
Cardamom	הל
Cinnamon	קינמון
Clove	ציפורן
Coriander	כוסברה
Cumin	כמון
Curry	קארי
Fennel	שומר
Flavor	טעם
Garlic	שום
Ginger	ג'ינג'ר
Licorice	שוש
Nutmeg	מוסקט
Onion	בצל
Paprika	פפריקה
Saffron	זעפרן
Salt	מלח
Sweet	מתוק
Vanilla	וניל

Sport
ספורט

Ability	יכולת
Athlete	ספורטאי
Body	גוף
Bones	עצמות
Cardiovascular	לב וכלי דם
Coach	מאמן
Dancing	ריקוד
Diet	דיאטה
Endurance	סיבולת
Goal	מטרה
Health	בריאות
Jogging	ריצה
Maximize	למקסם
Metabolic	מטבולי
Muscles	שרירים
Nutrition	תזונה
Program	תכנית
Sports	ספורט
Strength	כוח
To Swim	לשחות

The Company
החברה

Business	עסקים
Creative	יצירתי
Decision	החלטה
Employment	תעסוקה
Industry	תעשייה
Innovative	חדשני
Investment	השקעה
Possibility	אפשרות
Presentation	מצגת
Product	מוצר
Professional	מקצועי
Progress	התקדמות
Quality	איכות
Reputation	מוניטין
Resources	משאבים
Revenue	הכנסות
Risks	סיכונים
Trends	מגמות
Units	יחידות
Wages	שכר

The Media
התקשורת

Advertisements	פרסומות
Attitudes	עמדות
Commercial	מסחרי
Communication	תקשורת
Digital	דיגיטלי
Edition	מהדורה
Education	חינוך
Facts	עובדות
Funding	מימון
Images	תמונות
Industry	תעשייה
Intellectual	אינטלקטואלי
Local	מקומי
Magazines	מגזינים
Network	רשת
Newspapers	עיתונים
Online	מקוון
Opinion	דעה
Public	ציבור
Radio	רדיו

Time
זמן

Annual	שנתי
Before	לפני
Calendar	לוח שנה
Century	מאה
Clock	שעון
Day	יום
Decade	עשור
Early	מוקדם
Future	עתיד
Hour	שעה
Minute	דקה
Month	חודש
Morning	בוקר
Night	לילה
Noon	צהריים
Now	עכשיו
Soon	בקרוב
Today	היום
Week	שבוע
Year	שנה

Town
העיר

Airport	שדה תעופה
Bakery	מאפייה
Bank	בנק
Bookstore	חנות ספרים
Cinema	קולנוע
Clinic	מרפאה
Florist	פרחים
Gallery	גלריה
Hotel	מלון
Library	ספרייה
Market	שוק
Museum	מוזיאון
Pharmacy	בית מרקחת
School	בית ספר
Stadium	אצטדיון
Store	חנות
Supermarket	סופרמרקט
Theater	תיאטרון
University	אוניברסיטה
Zoo	גן חיות

Universe
יקום

Asteroid	אסטרואיד
Astronomer	אסטרונום
Astronomy	אסטרונומיה
Atmosphere	אווירה
Celestial	שמימי
Cosmic	קוסמי
Darkness	חושך
Eon	נ_צ_ח
Galaxy	גלקסיה
Hemisphere	המיספרה
Horizon	אופק
Latitude	קו רוחב
Moon	ירח
Orbit	מסלול
Sky	רקיע
Solar	שמש
Solstice	היפוך
Telescope	טלסקופ
Visible	גלוי
Zodiac	גלגל המזלות

Vacation #2
נופש #2

Airport	הדש הפועת
Beach	ףוח
Camping	קמפינג
Destination	יעד
Foreigner	זר
Holiday	חג
Hotel	מלון
Island	אי
Journey	מסע
Leisure	פנאי
Map	מפה
Mountains	הרים
Passport	דרכון
Restaurant	מסעדה
Sea	ים
Taxi	מונית
Tent	אוהל
Train	רכבת
Transportation	תחבורה
Visa	ויזה

Vegetables
ירקות

Artichoke	ארטישוק
Broccoli	ברוקולי
Carrot	גזר
Cauliflower	כרובית
Celery	סלרי
Cucumber	מלפפון
Eggplant	חציל
Garlic	שום
Ginger	ג'ינג'ר
Mushroom	פטרייה
Onion	בצל
Parsley	פטרוזיליה
Pea	אפונה
Pumpkin	דלעת
Radish	צנון
Salad	סלט
Shallot	שאלוט
Spinach	תרד
Tomato	עגבניה
Turnip	לפת

Vehicles
כלי רכב

Airplane	מטוס
Ambulance	אמבולנס
Bicycle	אופניים
Boat	סירה
Bus	אוטובוס
Car	מכונית
Caravan	קרוואן
Ferry	מעבורת
Helicopter	מסוק
Motor	מנוע
Raft	רפסודה
Rocket	רקטה
Scooter	קטנוע
Shuttle	הסעה
Submarine	צוללת
Subway	רכבת תחתית
Taxi	מונית
Tires	צמיגים
Tractor	טרקטור
Truck	משאית

Weather
מזג אוויר

Atmosphere	אווירה
Breeze	רוח. ח
Climate	אקלים
Cloud	ענן
Drought	בצורת
Dry	יבש
Fog	ערפל
Hurricane	הוריקן
Ice	קרח
Lightning	ברק
Monsoon	מונסון
Polar	קוטבי
Rainbow	קשת
Sky	רקיע
Storm	סערה
Temperature	טמפרטורה
Thunder	רעם
Tornado	טורנדו
Tropical	טרופי
Wind	רוח

Congratulations

You made it!

We hope you enjoyed this book as much as we enjoyed making it. We do our best to make high quality games.
These puzzles are designed in a clever way for you to learn actively while having fun!

Did you love them?

A Simple Request

Our books exist thanks your reviews. Could you help us by leaving one now?

Here is a short link which will take you to your order review page:

BestBooksActivity.com/Review50

MONSTER CHALLENGE!

Challenge #1

Ready for Your Bonus Game? We use them all the time but they are not so easy to find. Here are **Synonyms**!

Note 5 words you discovered in each of the Puzzles noted below (#21, #36, #76) and try to find 2 synonyms for each word.

*Note 5 Words from **Puzzle 21***

Words	Synonym 1	Synonym 2

*Note 5 Words from **Puzzle 36***

Words	Synonym 1	Synonym 2

*Note 5 Words from **Puzzle 76***

Words	Synonym 1	Synonym 2

Challenge #2

Now that you are warmed-up, note 5 words you discovered in each Puzzle noted below (#9, #17, #25) and try to find 2 antonyms for each word. How many lines can you do in 20 minutes?

Note 5 Words from **Puzzle 9**

Words	Antonym 1	Antonym 2

Note 5 Words from **Puzzle 17**

Words	Antonym 1	Antonym 2

Note 5 Words from **Puzzle 25**

Words	Antonym 1	Antonym 2

Challenge #3

Wonderful, this monster challenge is nothing to you!

Ready for the last one? Choose your 10 favorite words discovered in any of the Puzzles and note them below.

1.	6.
2.	7.
3.	8.
4.	9.
5.	10.

Now, using these words and within a maximum of six sentences, your challenge is to compose a text about a person, animal or place that you love!

Tip: You can use the last blank page of this book as a draft!

Your Writing:

NOTEBOOK:

SEE YOU SOON!

Linguas Classics Team

www.ingramcontent.com/pod-product-compliance
Lightning Source LLC
LaVergne TN
LVHW060317080526
838202LV00053B/4352
* 9 7 8 2 4 9 1 7 9 2 5 2 7 *